KERBER ART

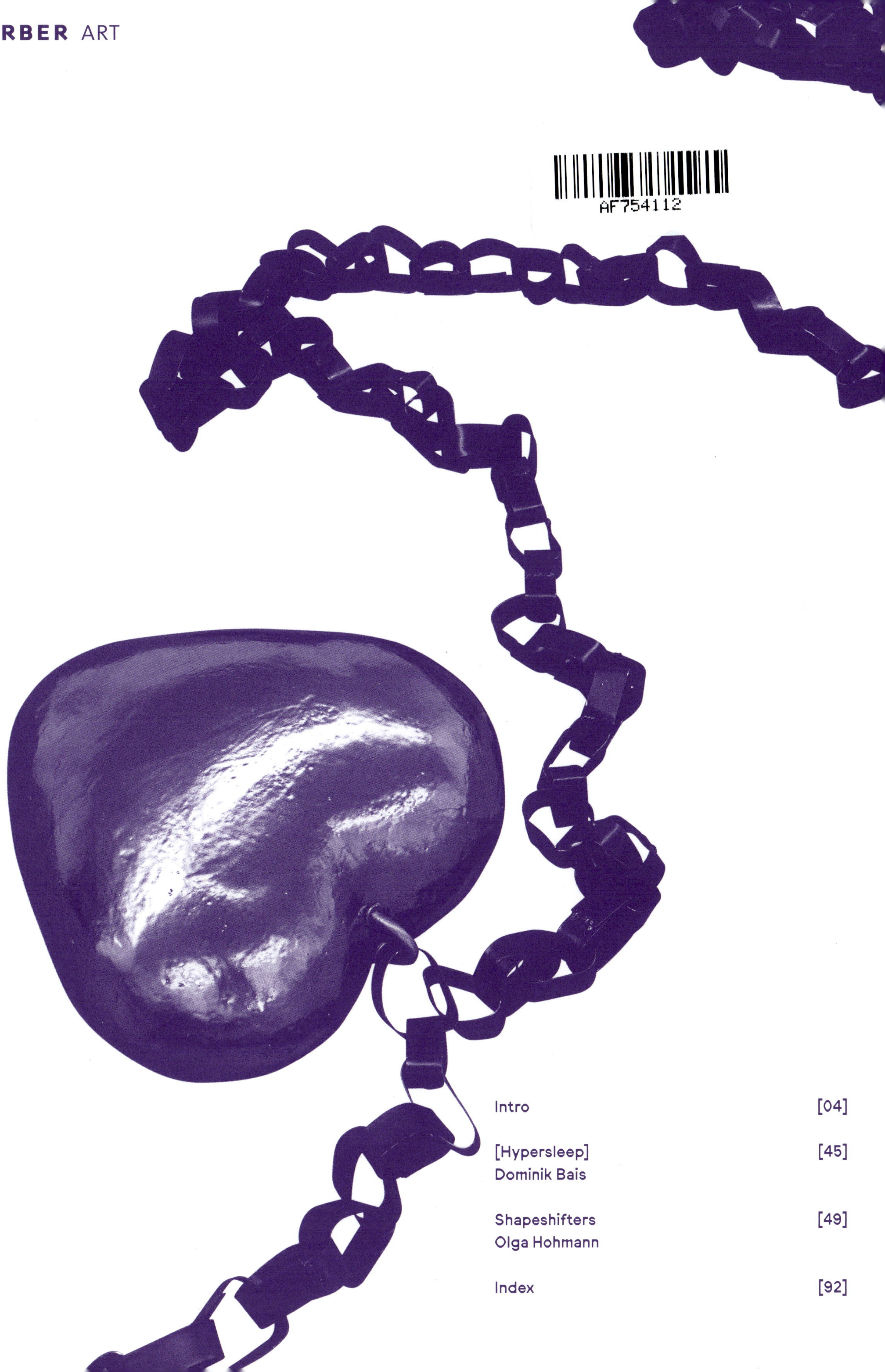

Dominik Bais
Kuratorischer Leiter Lechner Museum

[04]

Dominik Bais
Curatorial Director Lechner Museum

Abstrakt und geheimnisvoll verzerrt, deuten Lisa Seebachs Skulpturen Objekte wie Gasflaschen oder Ölfässer an, die zu ästhetischen Akteuren in einer poetisch-rätselhaften Inszenierung werden. So entsteht eine paradoxe Szenerie voller assoziativer Metaerzählungen zwischen postapokalyptischer Science-Fiction und schwarzer Utopie. Die Kunstinstallation wird zum Handlungsraum, in dem die Skulpturen als Zeichen agieren. Die einzelnen Objekte bewegen sich zwischen potenzieller Bedrohung und möglichem Ausweg aus der Dystopie. Diese Zeichen können auf der Basis subjektiver Erfahrungen individuell interpretiert werden, sind aber fest in unserer gemeinsamen Gegenwart verankert. Ob Pandemien, Klimakrise oder die Zunahme von Konflikten und Kriegen – die Erwartung einer apokalyptischen Welt scheint sich zu nähren. Doch Seebach gibt keine Richtung vor, denn ihre Angebote sind fragil und flüchtig. Jeder Versuch, sich einen Überblick zu verschaffen, scheitert und so ist es den Besucher:innen selbst überlassen, ihre eigene fiktive Erzählung zu entwickeln.

Die Ausstellung „Earthy Liquids and Heavy Metal [Hypersleep]" stellt für das Lechner Museum eine Besonderheit dar. Es ist die erste Ausstellung, mit der sich das Museum explizit als Plattform öffnet, um über Alf Lechner hinaus zeitgenössische Positionen von Skulptur zu zeigen und zu fördern. Auch für die Künstlerin Lisa Seebach ist die neue Ausstellung ihre bisher größte museale Einzelausstellung. Auf beiden Etagen des Museums sind zahlreiche Arbeiten aus den letzten zehn Jahren sowie neue, speziell für die Ausstellungsräume konzipierte Installationen zu sehen.

Der Katalog ist im Zusammenhang mit der Ausstellung entstanden und enthält sowohl Abbildungen der gezeigten Werke als auch eigens für die Ausstellung verfasste Texte. Unser besonderer Dank gilt Camilla Lechner, ohne deren Unterstützung diese Ausstellung nicht möglich gewesen wäre.

Abstract and mysteriously distorted, Lisa Seebach's sculptures suggest objects such as gas cylinders or oil barrels, which become aesthetic protagonists in a poetic, enigmatic mise en scene. The result is a paradoxical scenario full of associative metanarratives that oscillate between post-apocalyptic science fiction and dark utopia. The art installation becomes a dynamic field of activity in which the sculptures function as symbols, each object shifting between potential threat and possible escape from dystopia. While these symbols invite individual interpretation based on subjective experience, they also remain deeply rooted in our shared present. Whether it's pandemics, the climate crisis or the rising tide of conflicts and wars, the expectation of an apocalyptic world is moving ever closer to fulfilment. Yet Seebach offers no definitive way forward; her works are, after all, fragile and ephemeral. Any attempt to grasp the whole inevitably falters, leaving visitors to create their own fictional narratives.

The exhibition Earthy Liquids and Heavy Metal [Hypersleep] marks a significant milestone for the Lechner Museum, as it is the first time the institution has explicitly opened itself as a platform for the presentation and promotion of contemporary sculptural works beyond the legacy of Alf Lechner. As for the artist Lisa Seebach, it is her most extensive solo museum exhibition to date. The two floors of the museum feature a range of works from the past decade, as well as new installations conceived specifically for the exhibition spaces.

The catalogue, produced in conjunction with the exhibition, includes images of works on view at the Lechner Museum as well as texts written specifically for the exhibition. Special thanks go to Camilla Lechner, without whose support this exhibition would not have been possible.

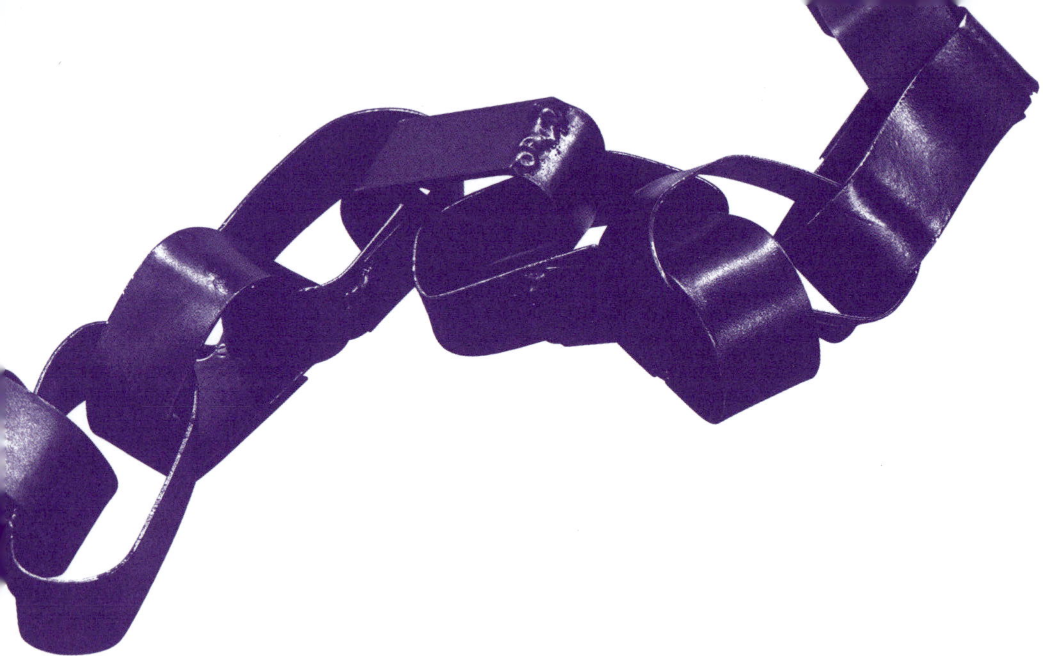

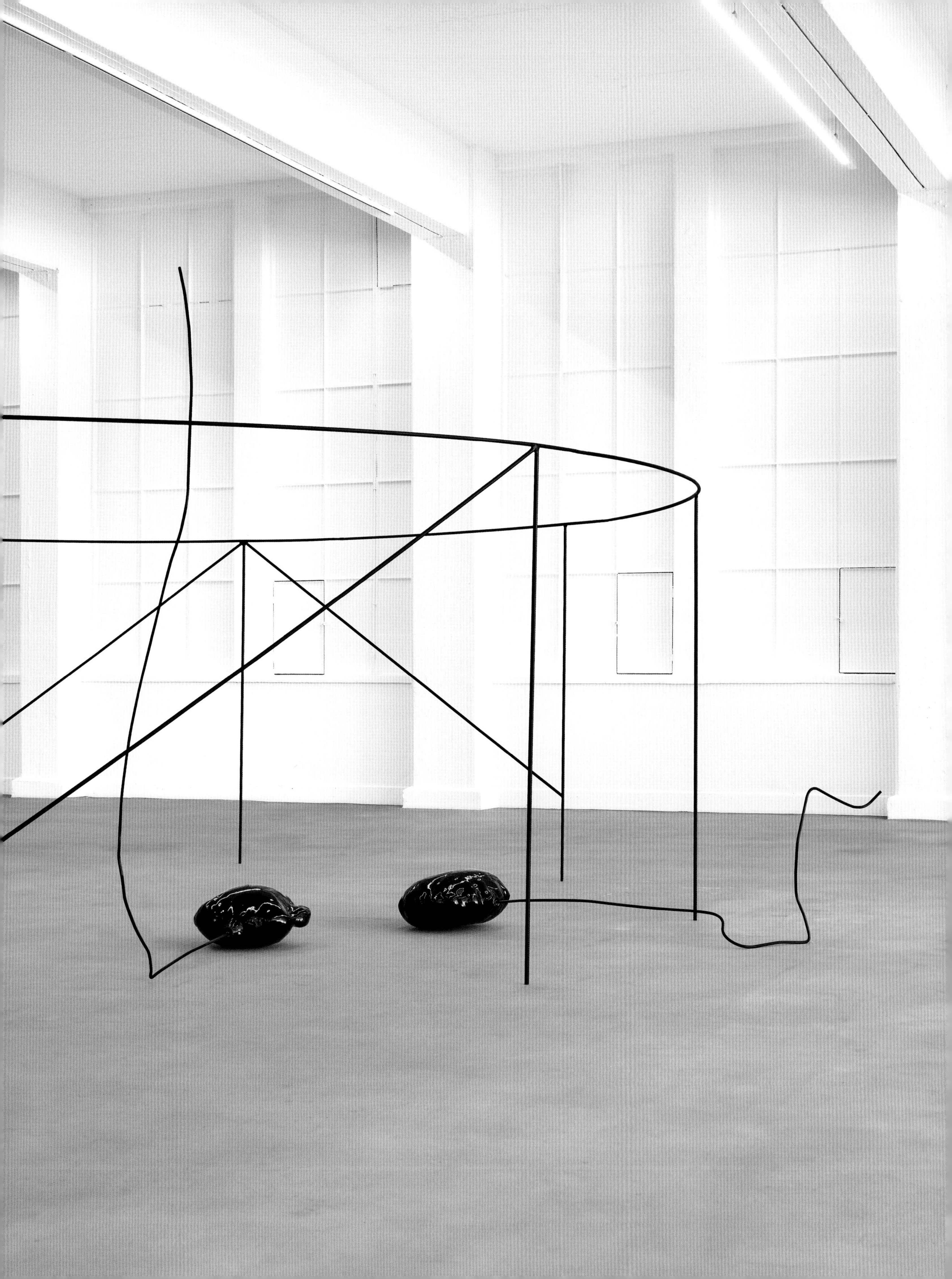

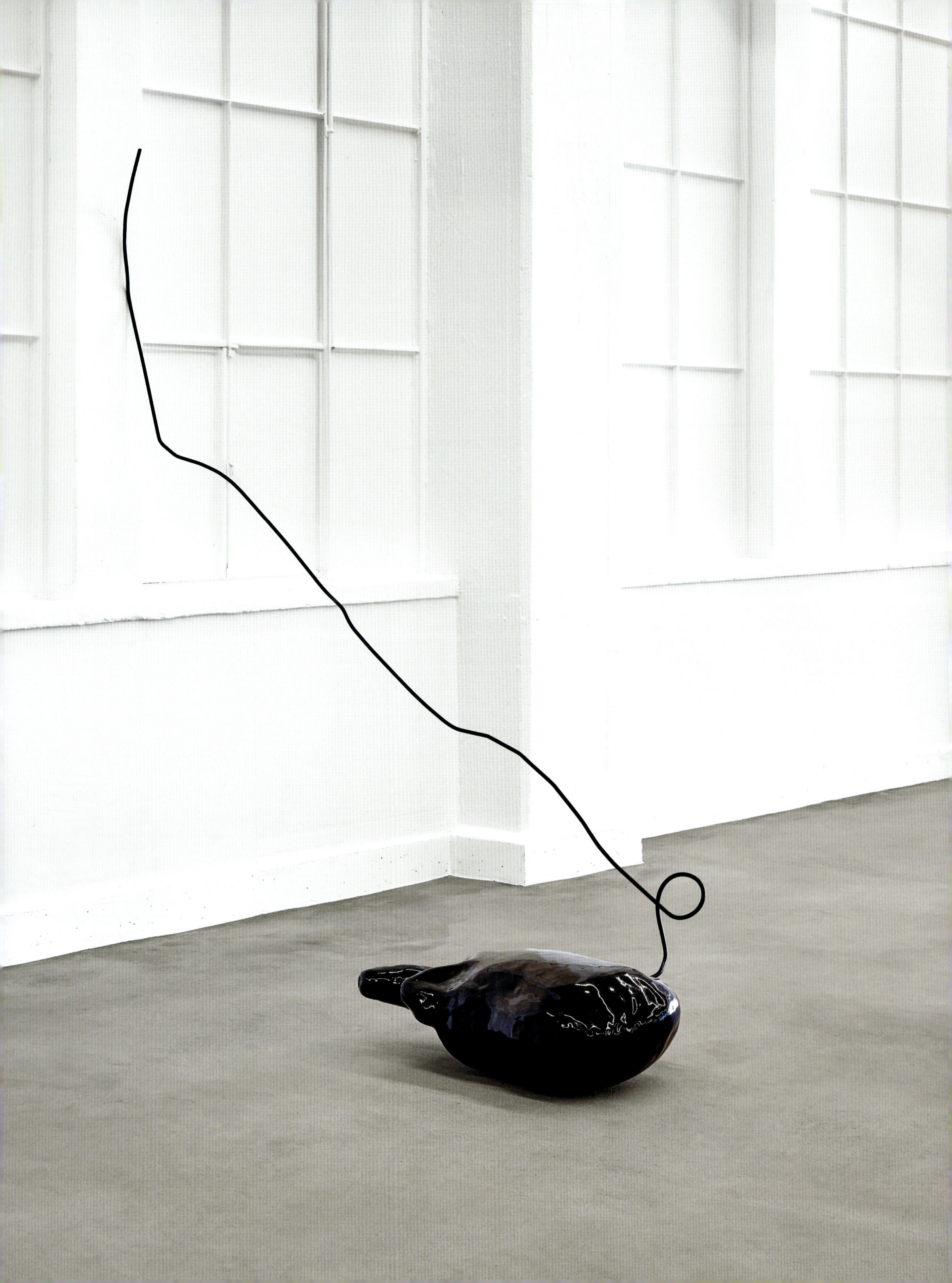

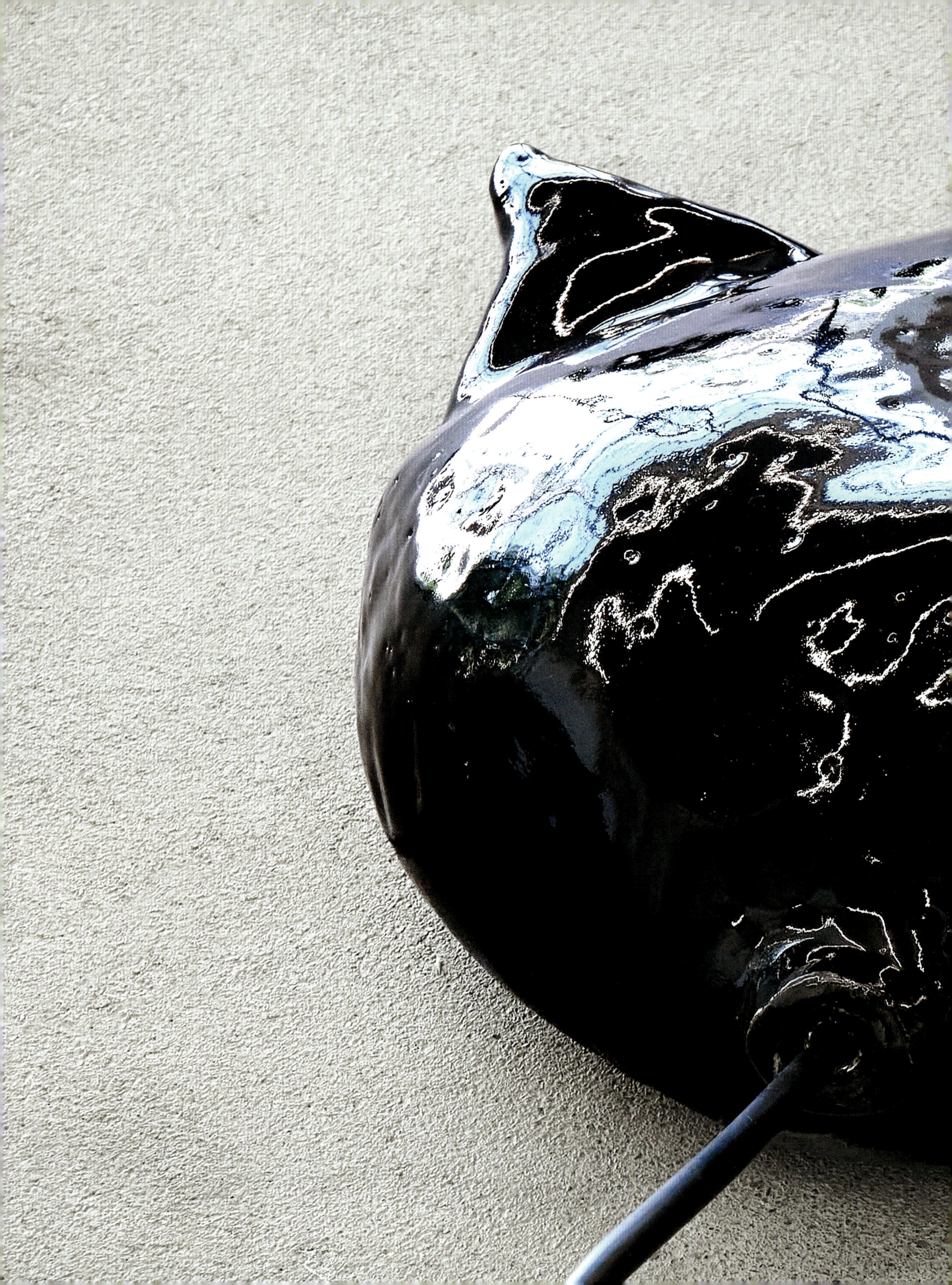

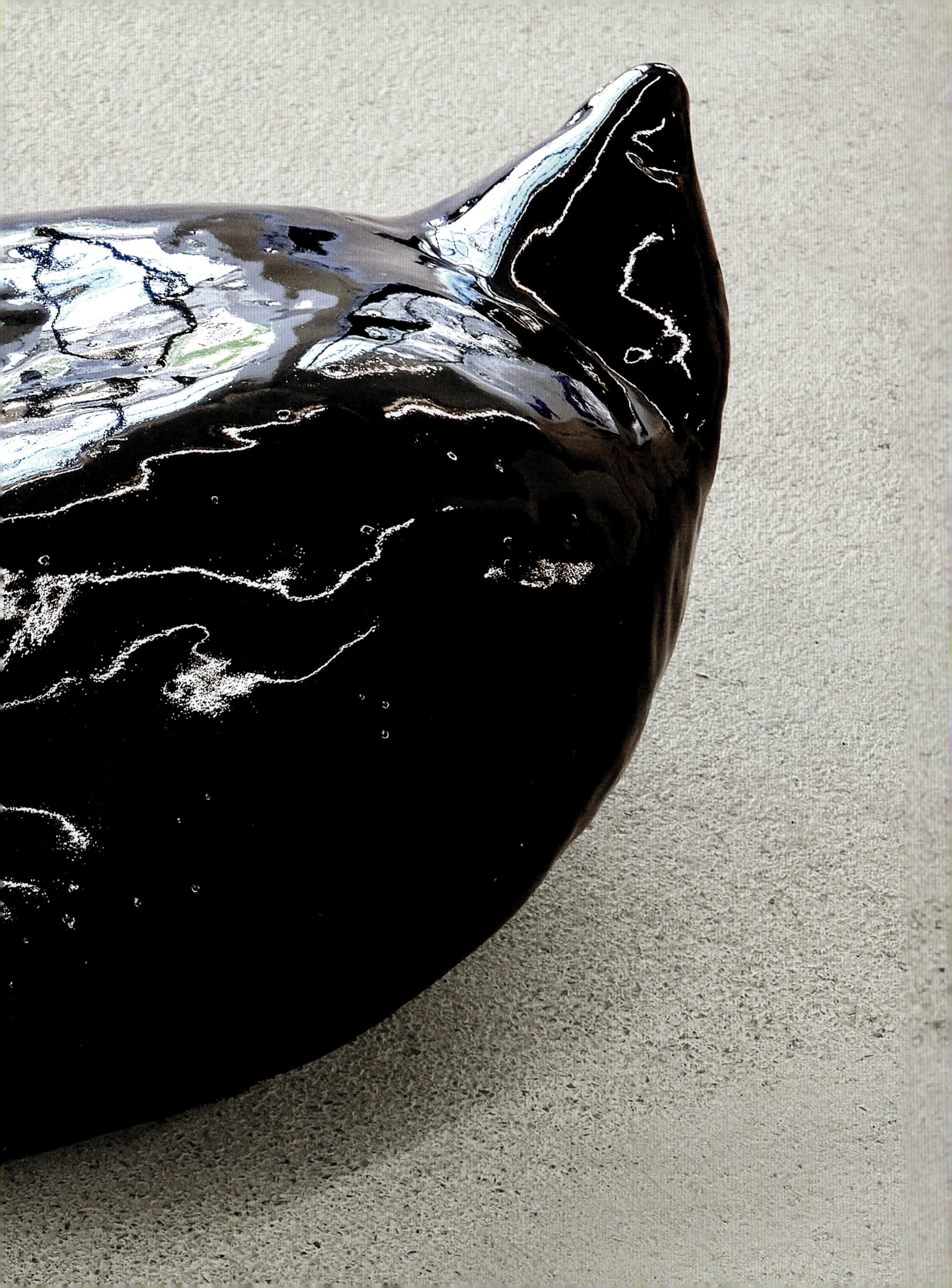

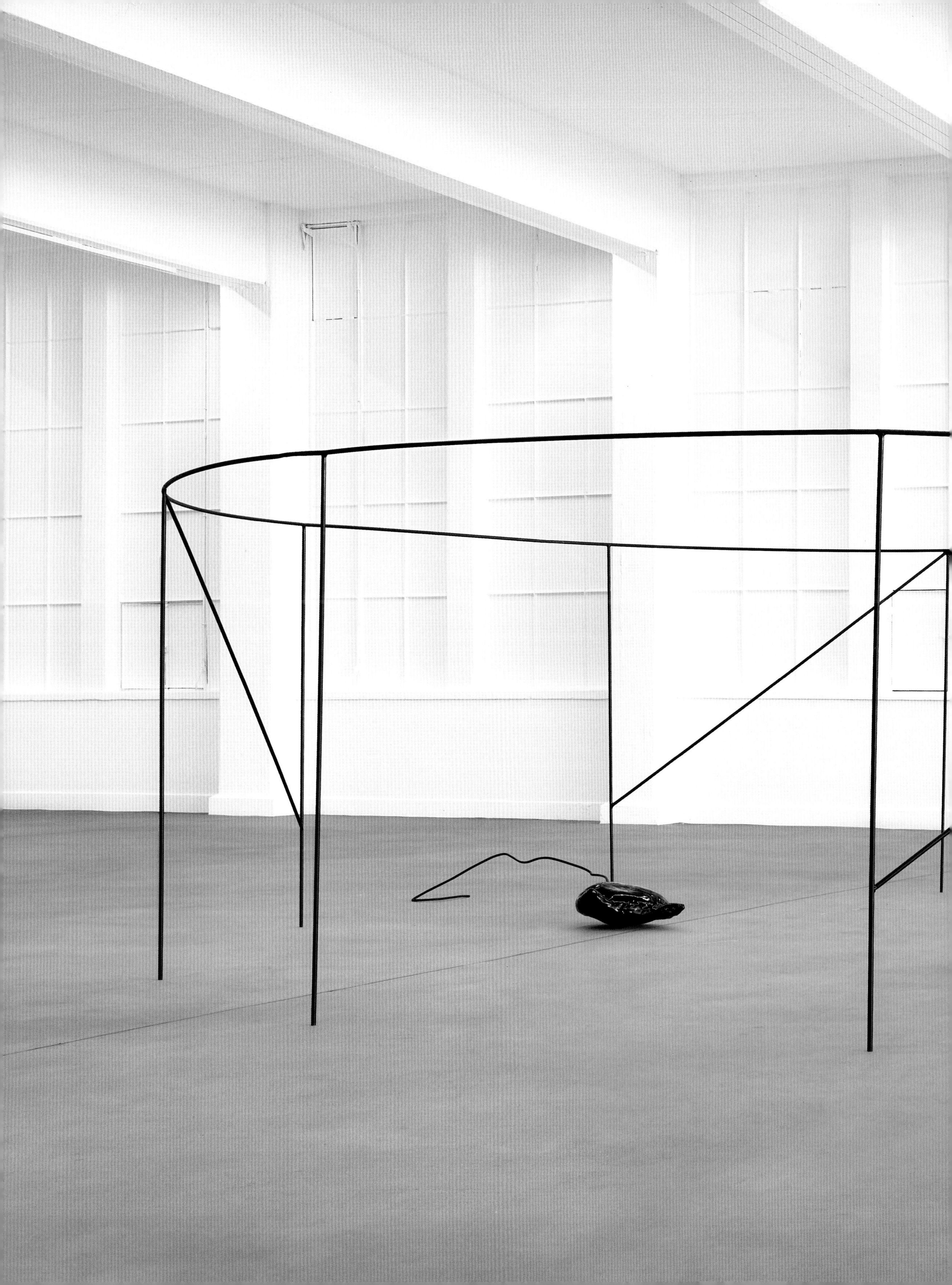

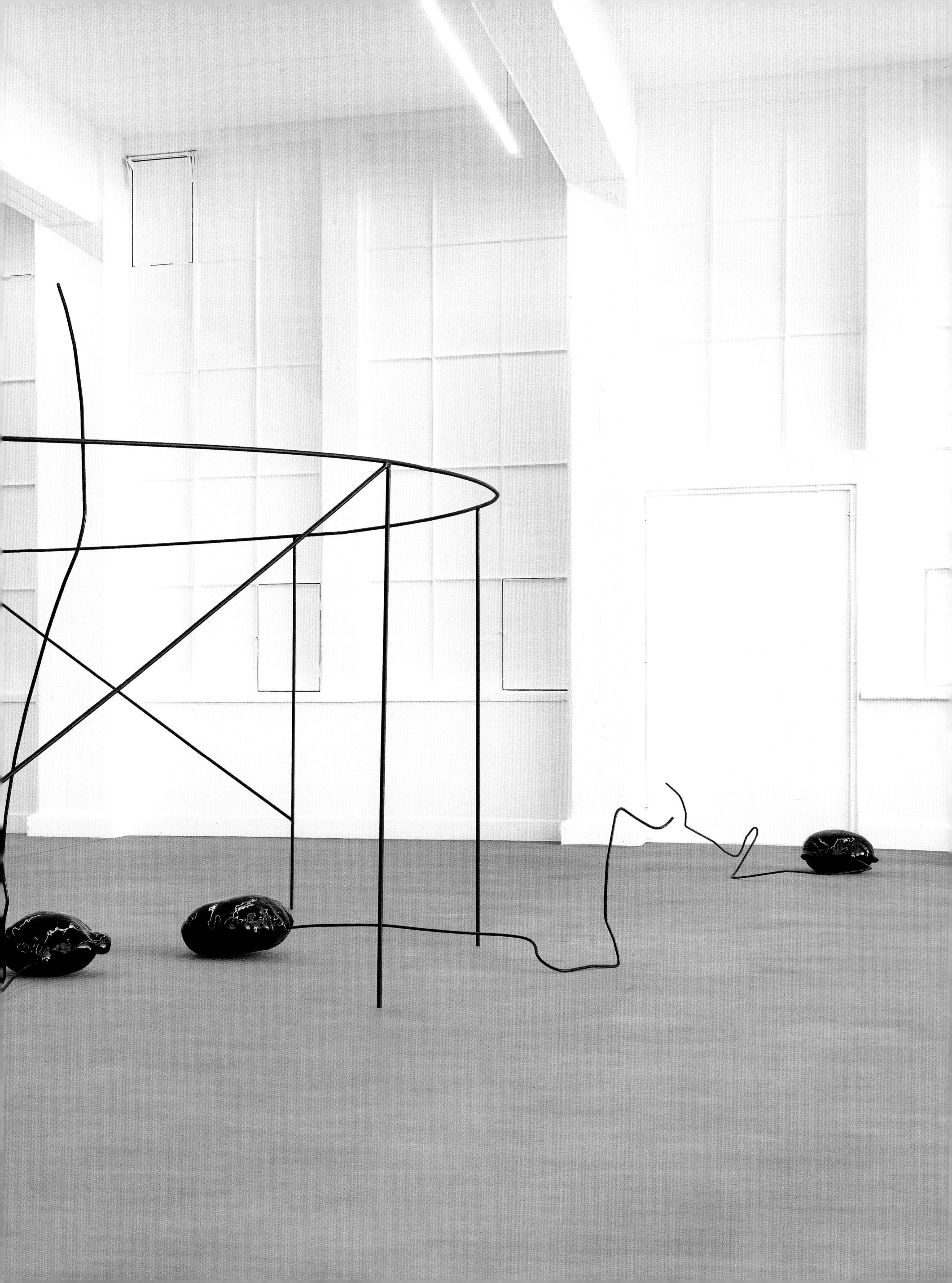

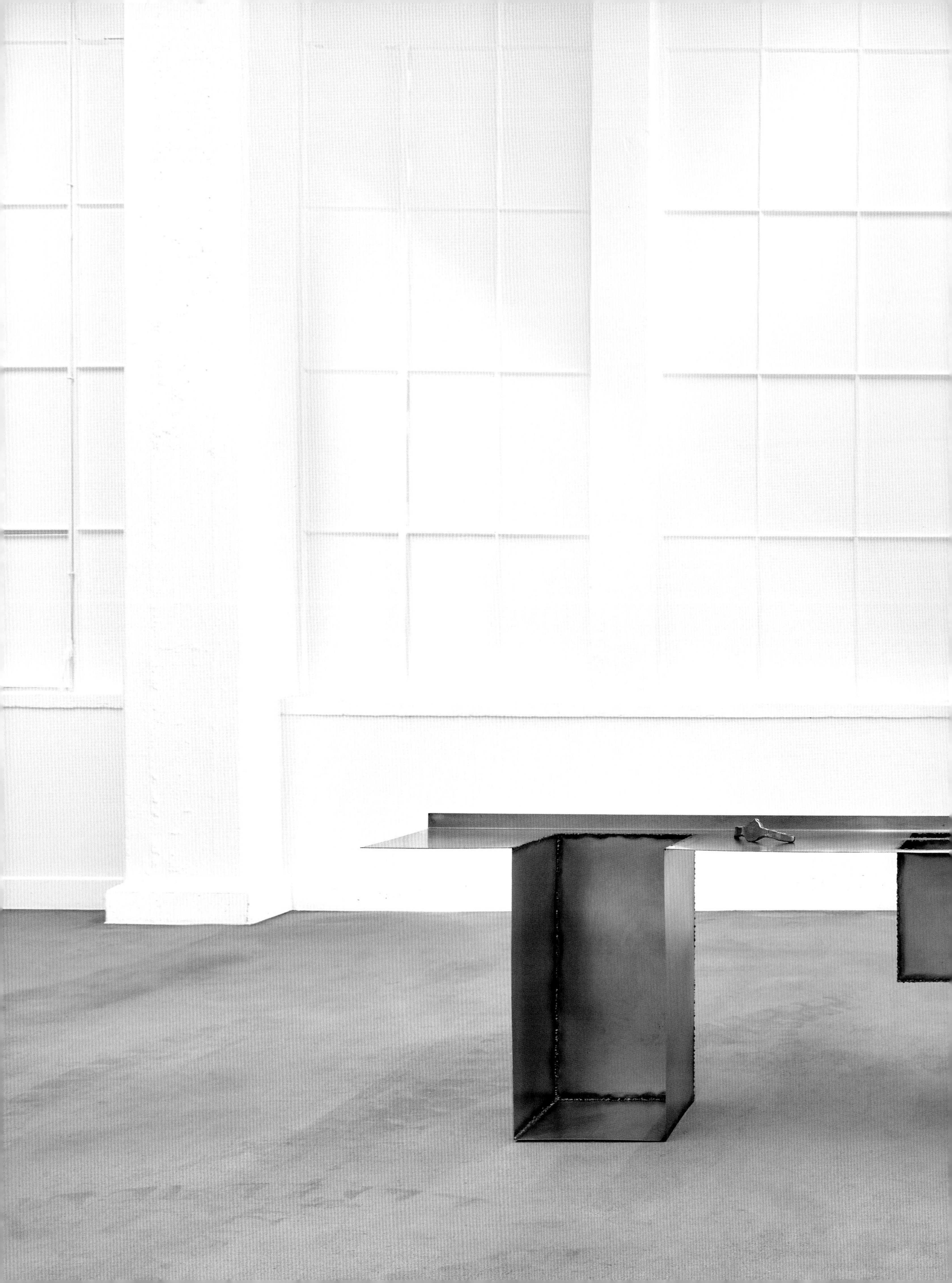

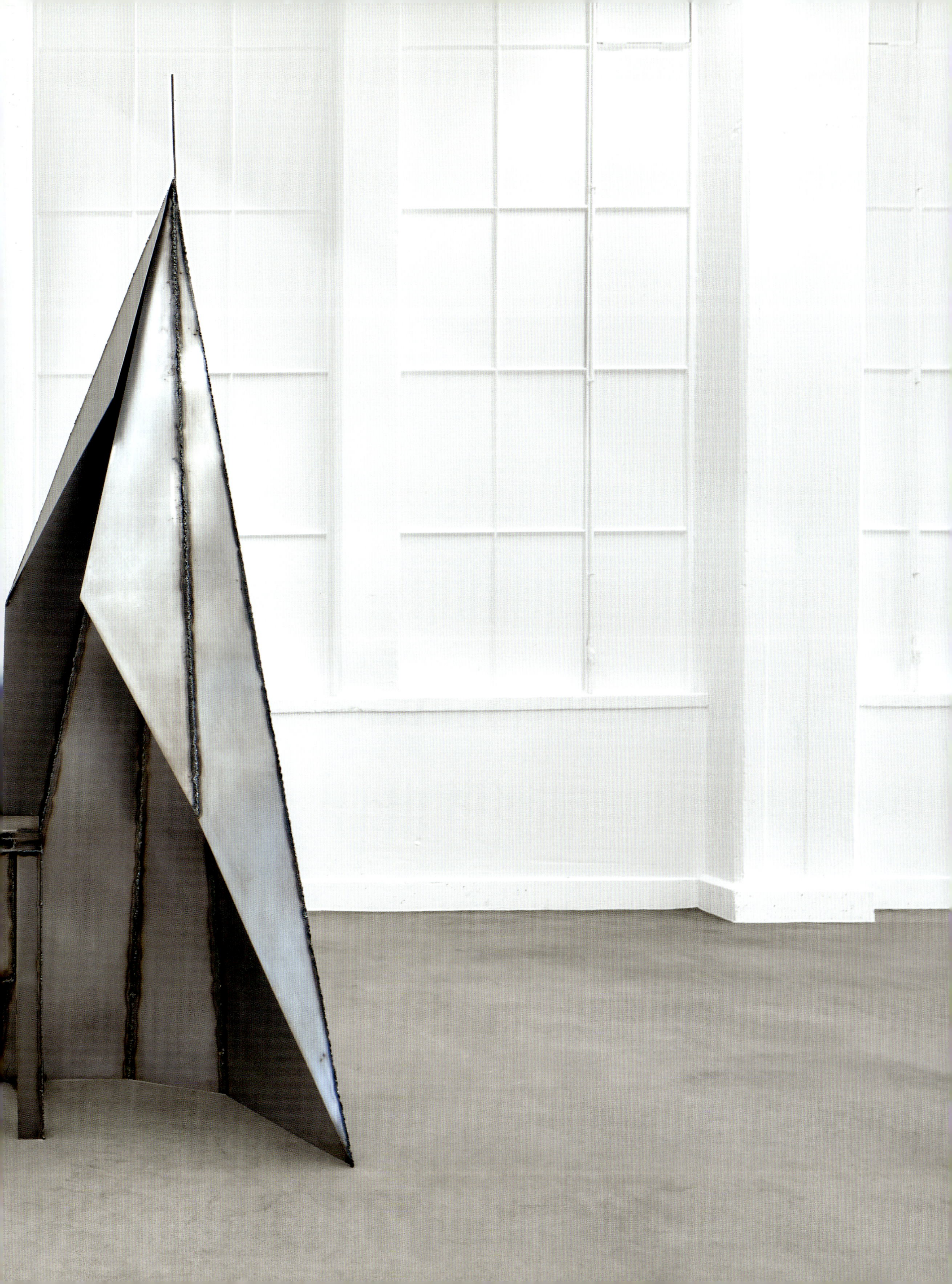

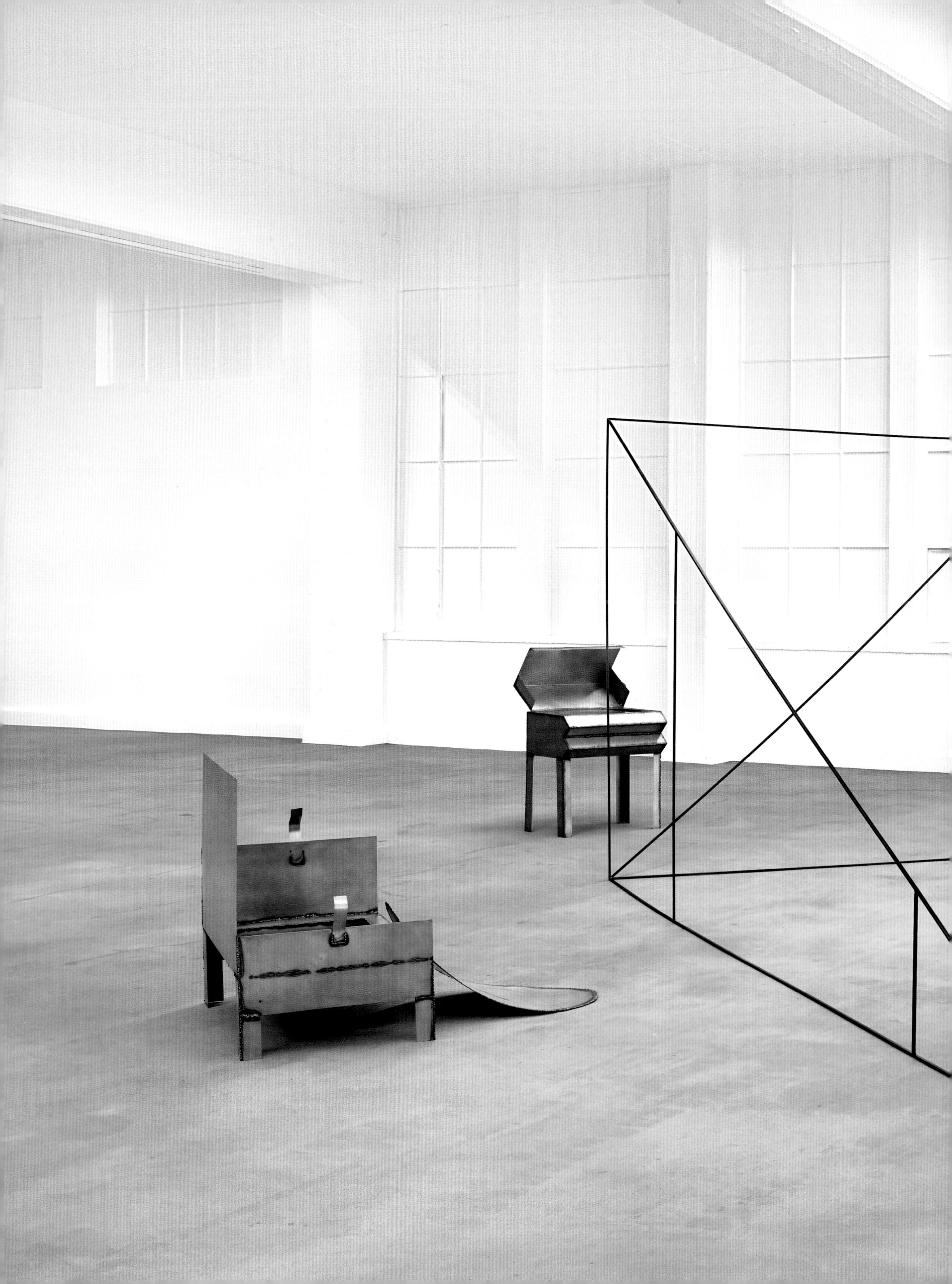

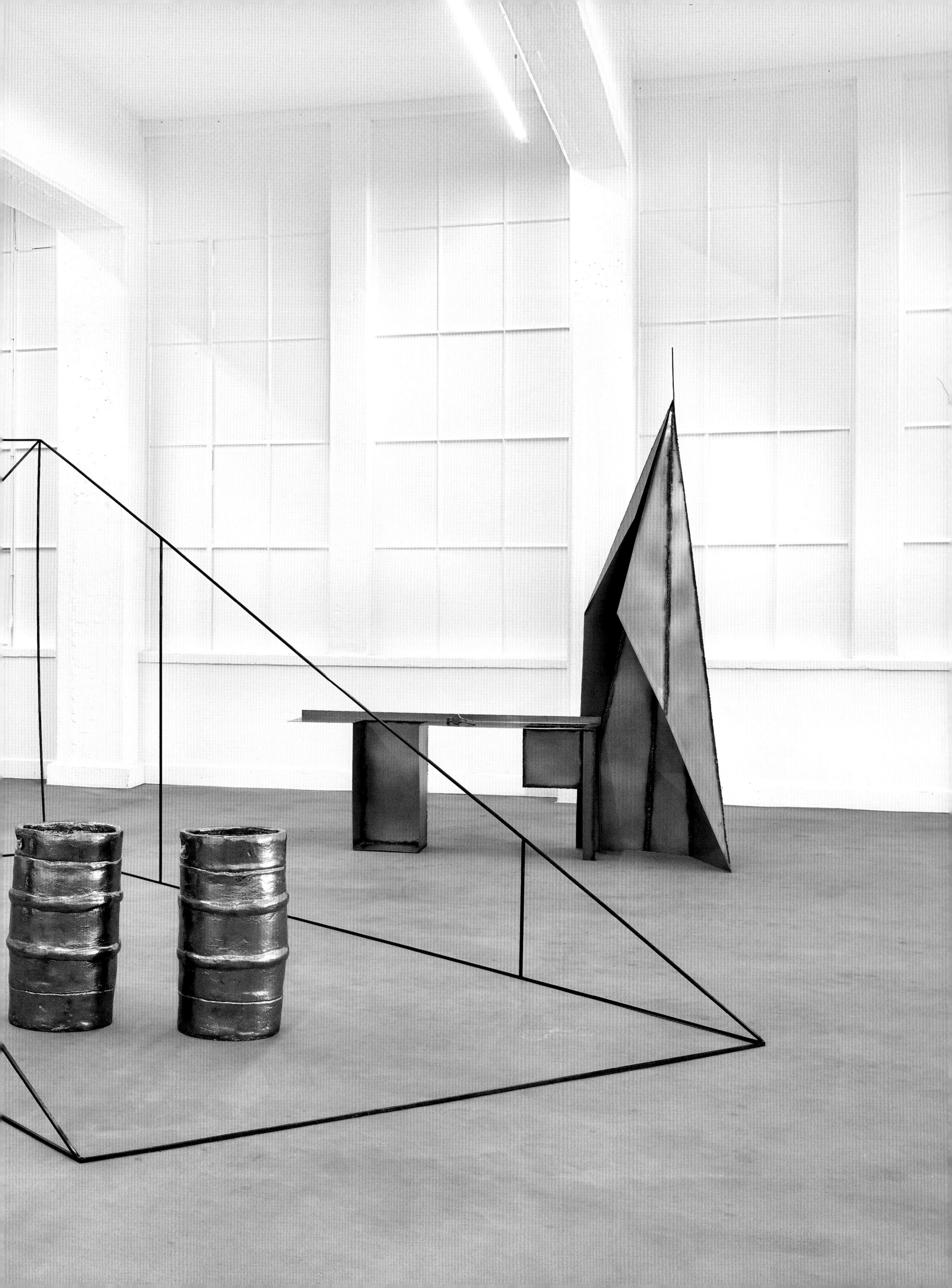

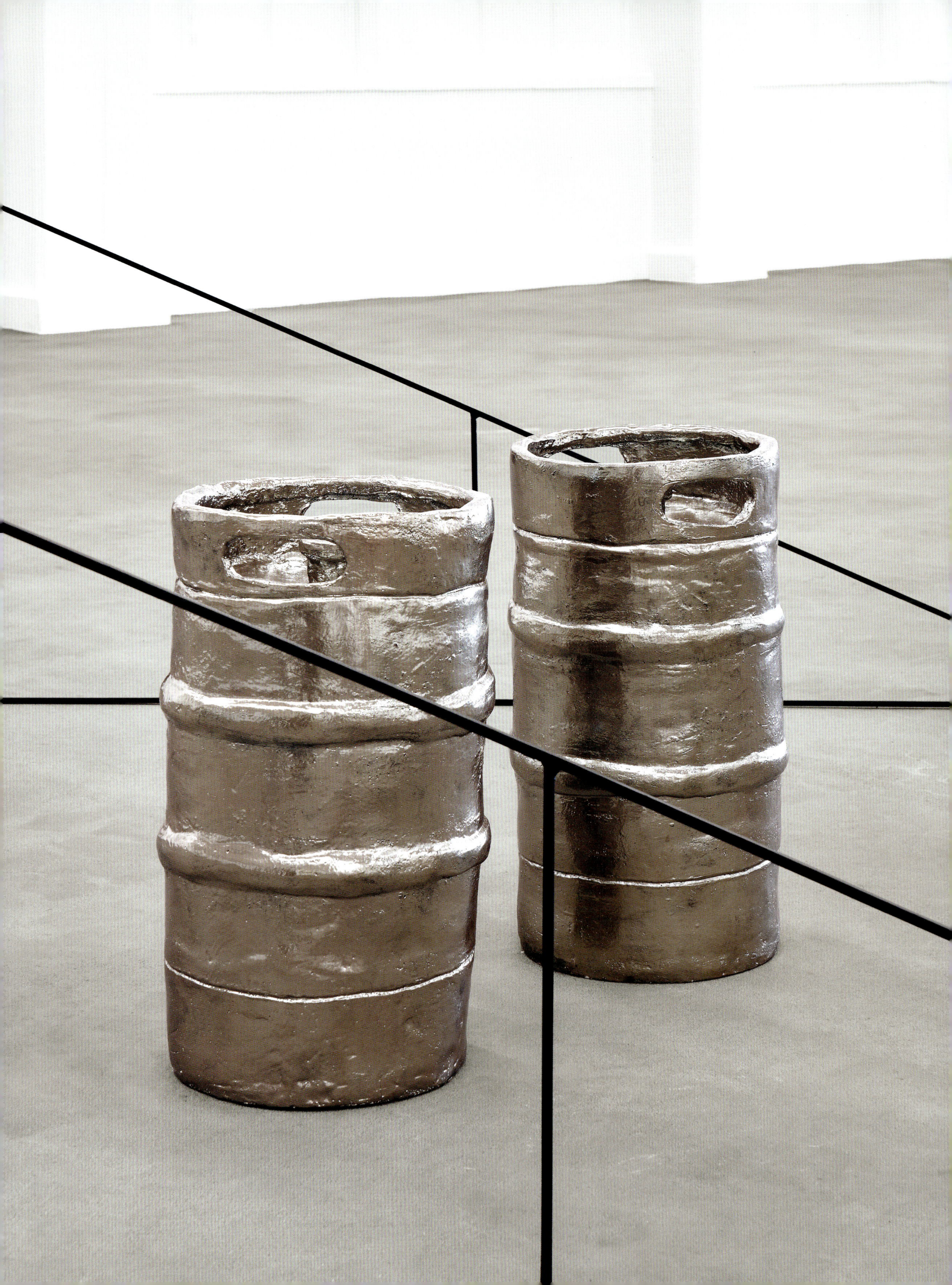

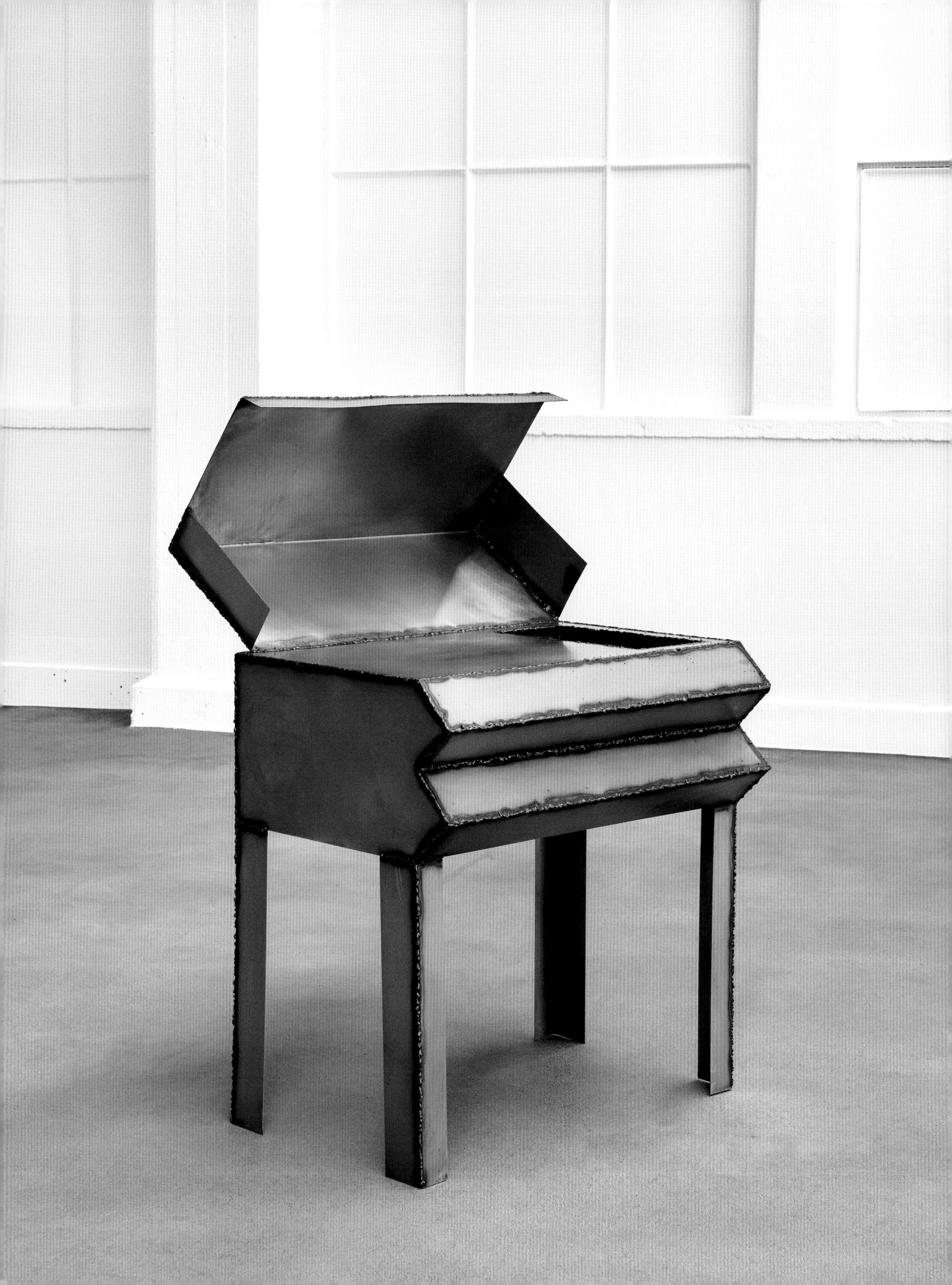

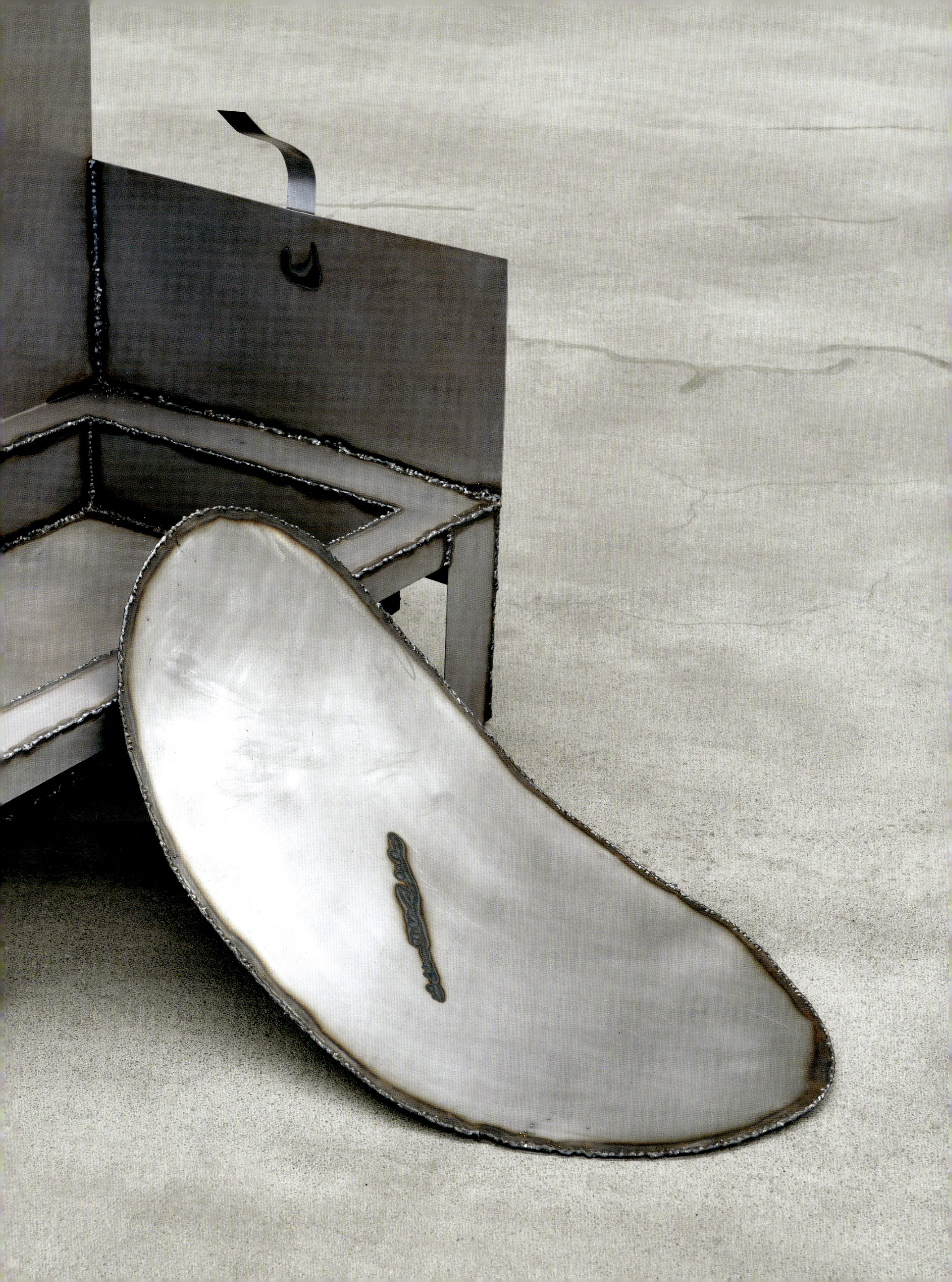

[22]

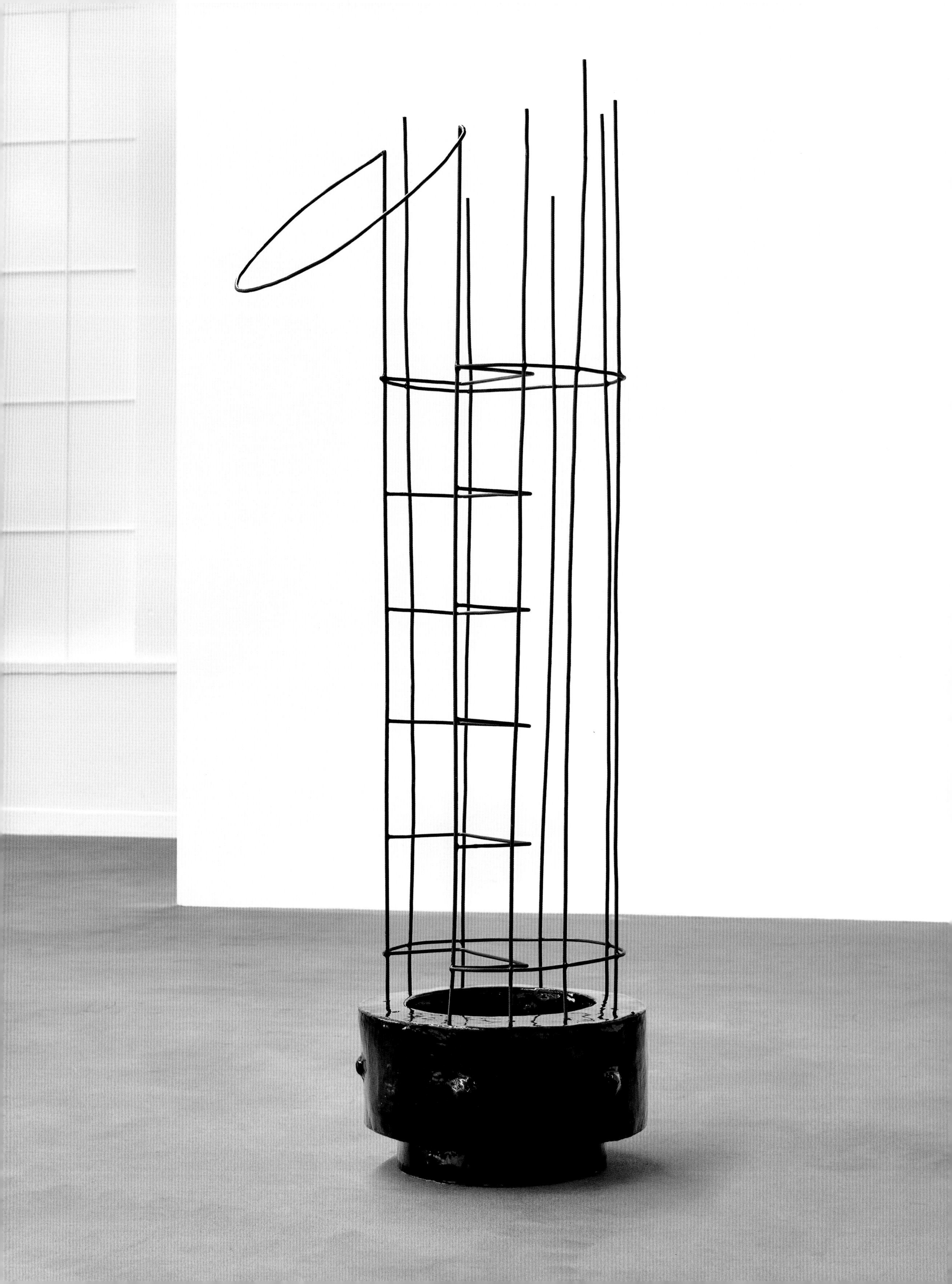

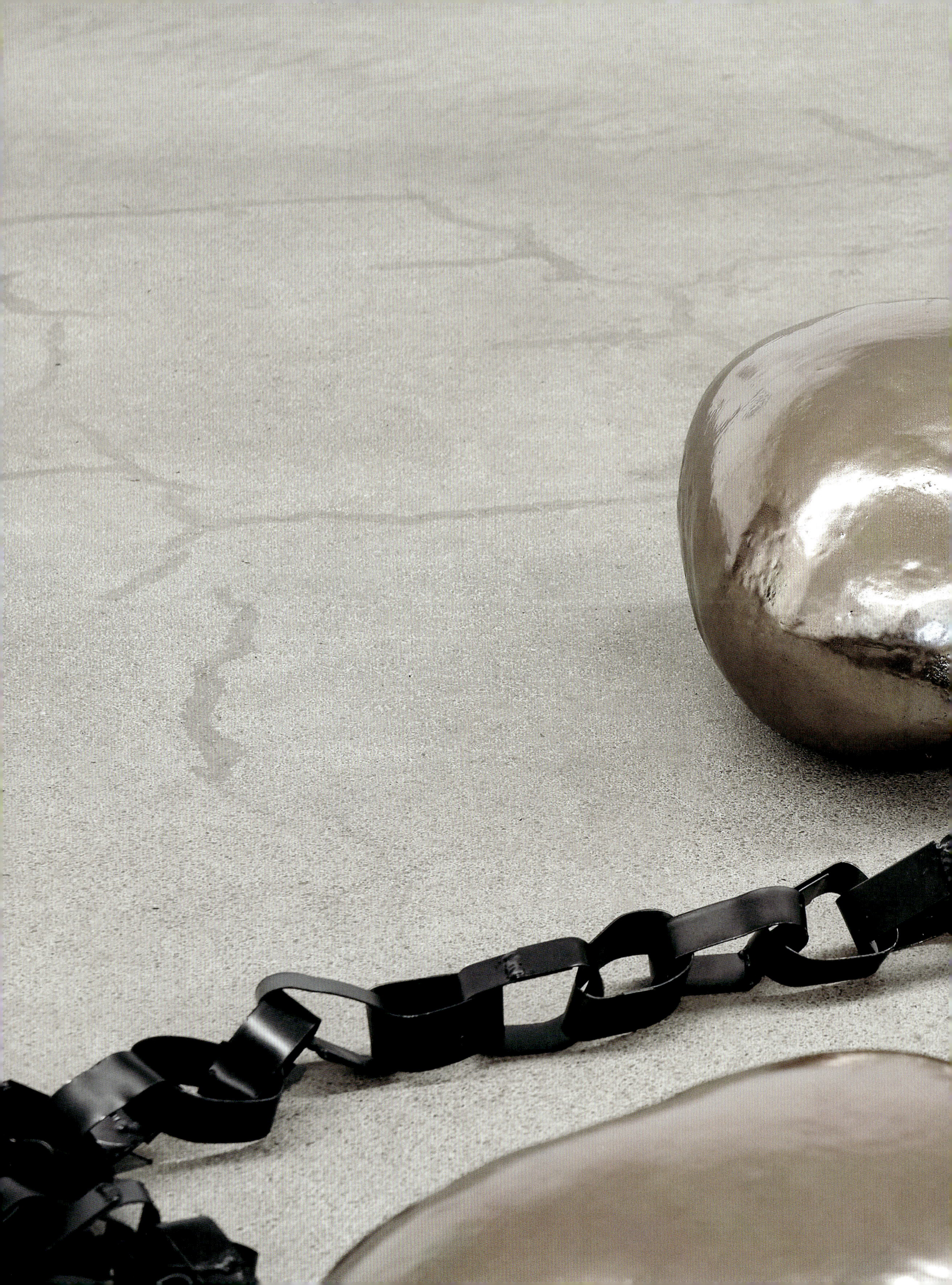

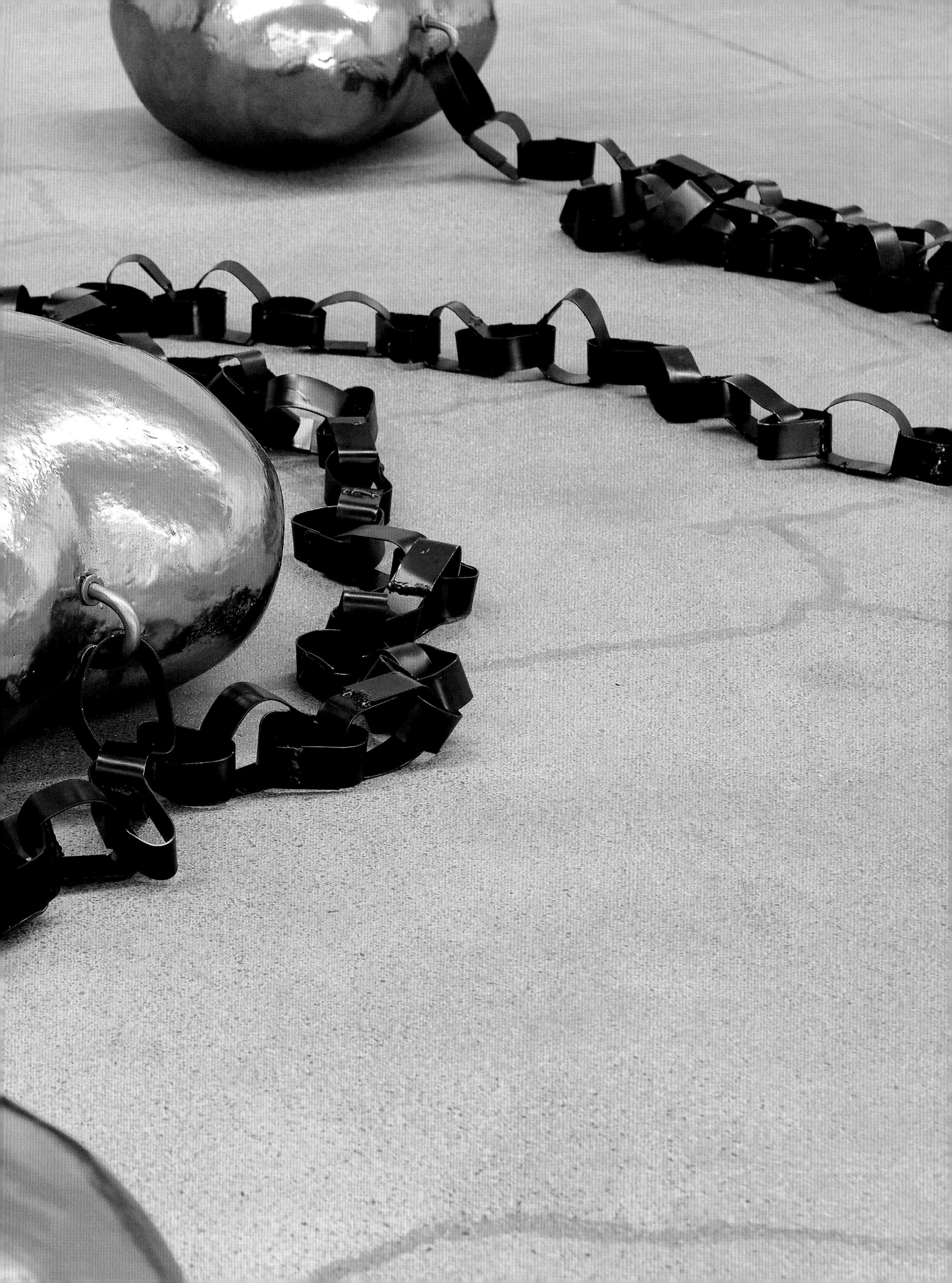

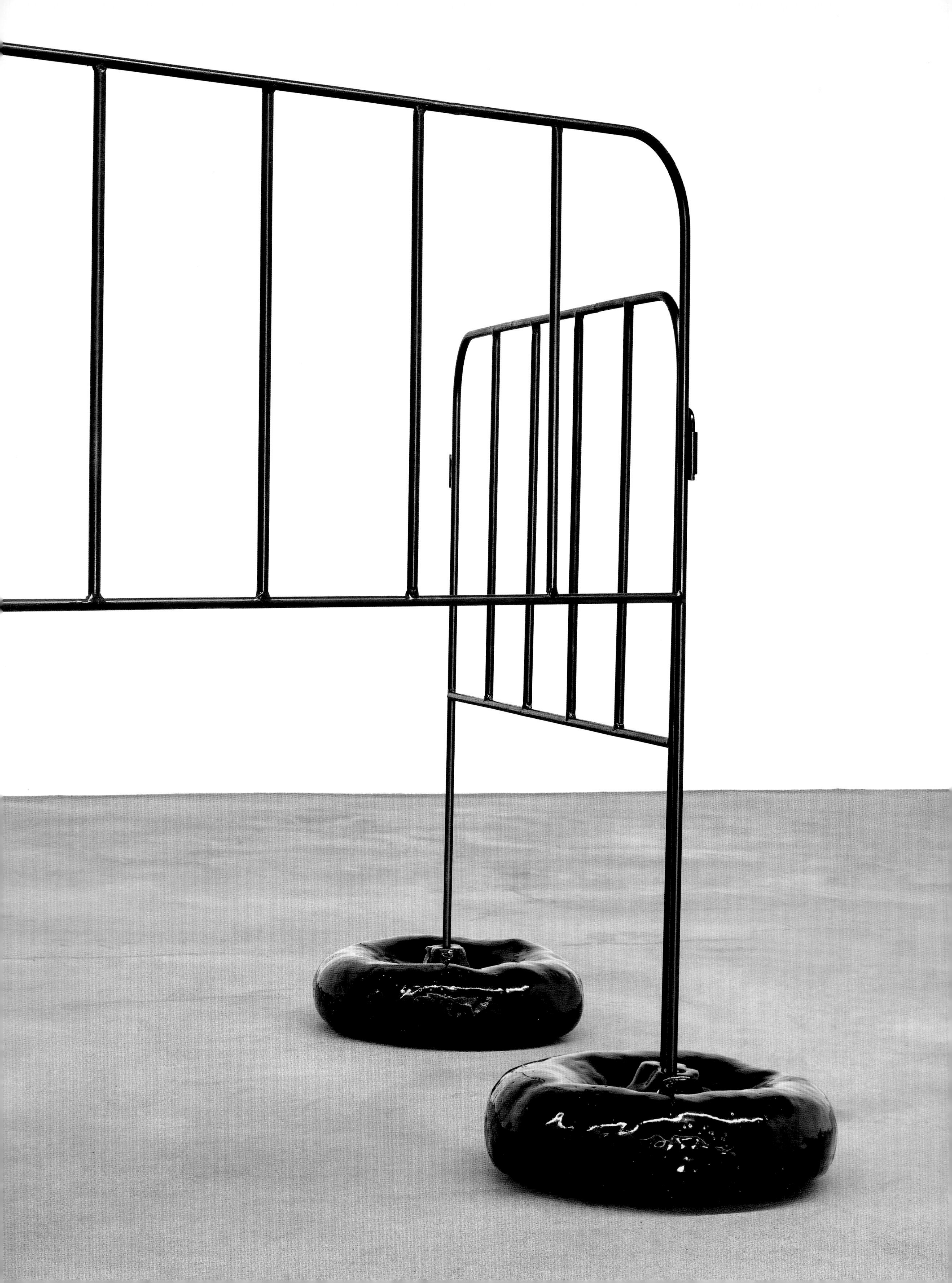

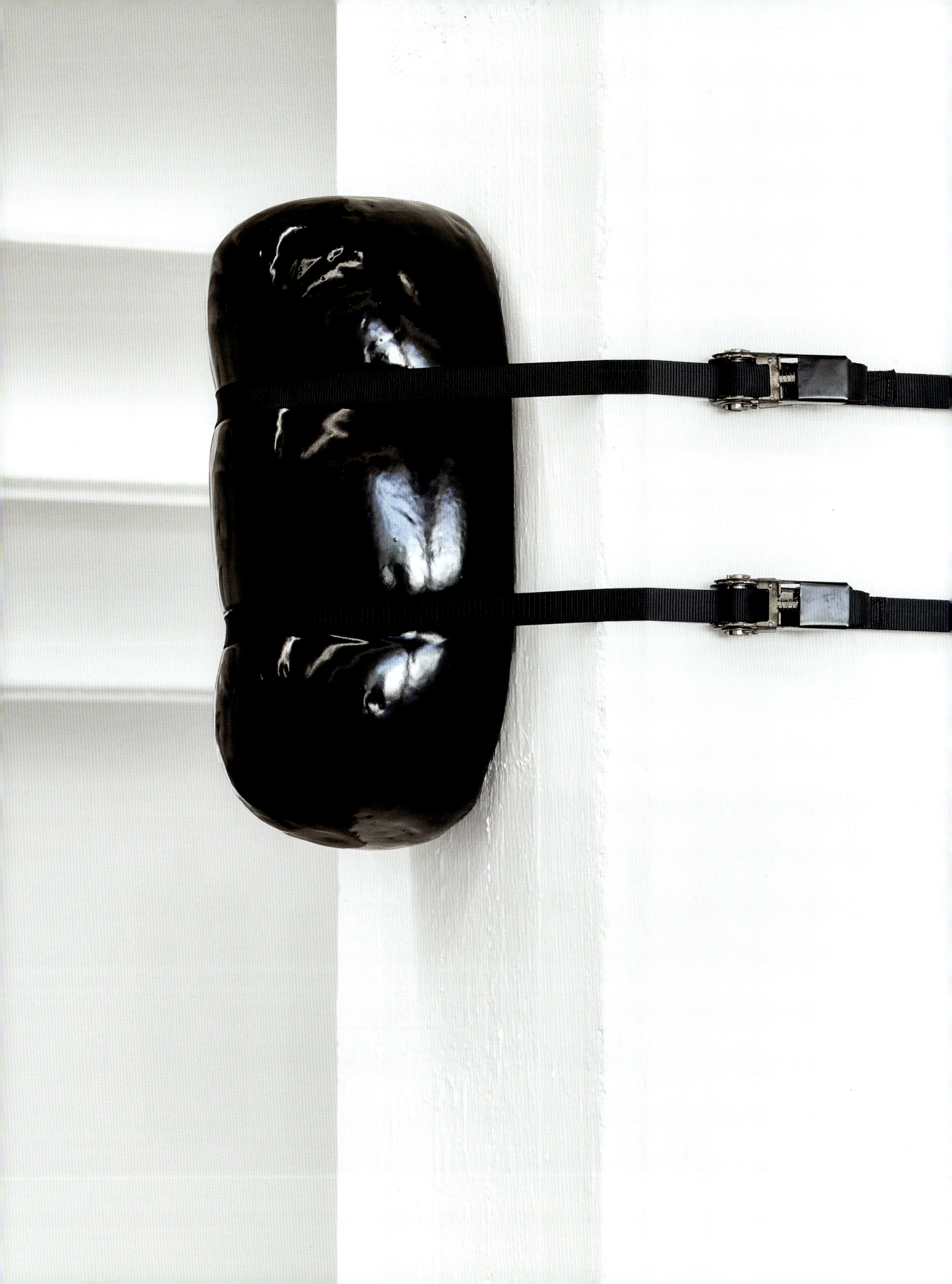

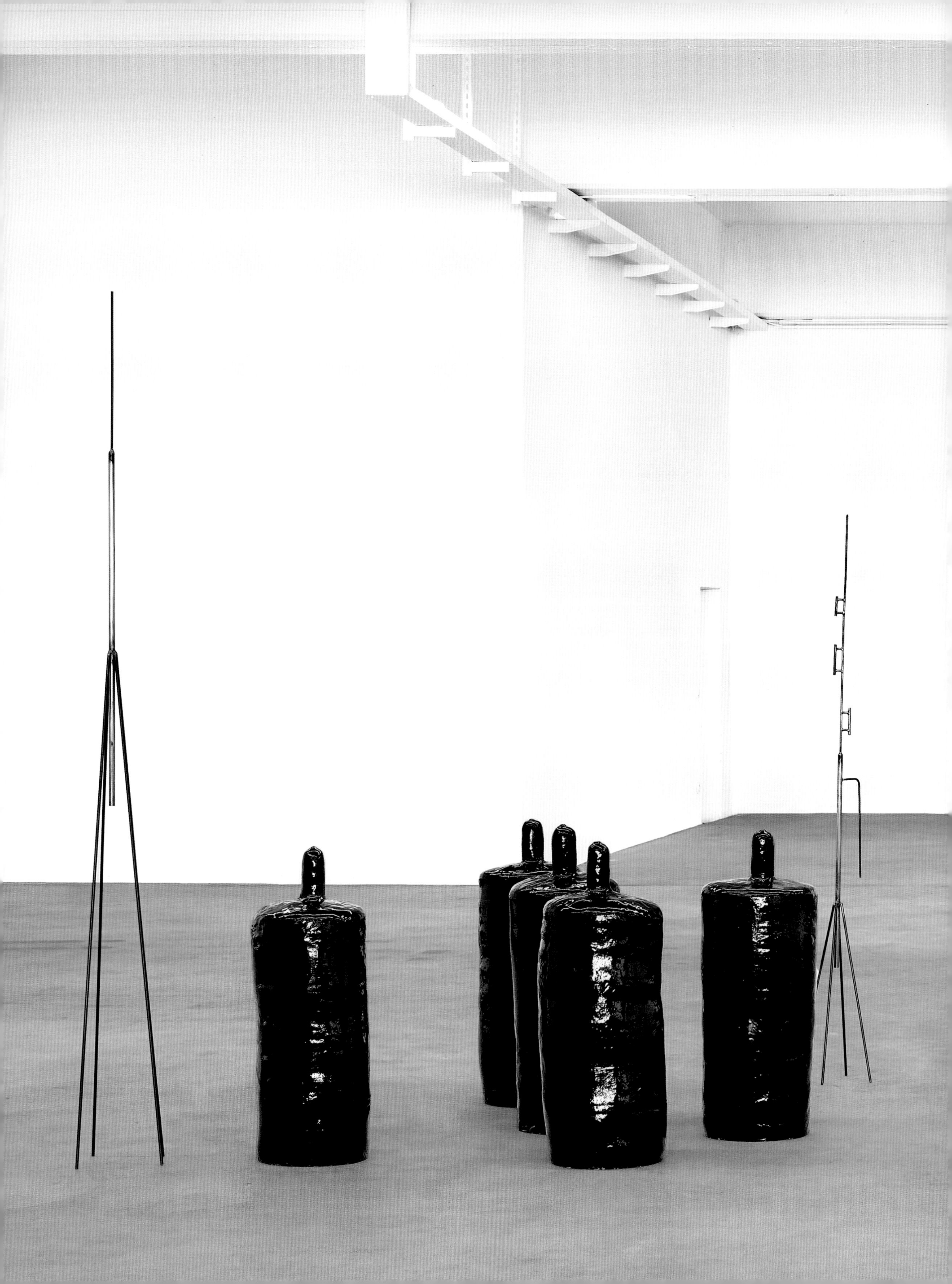

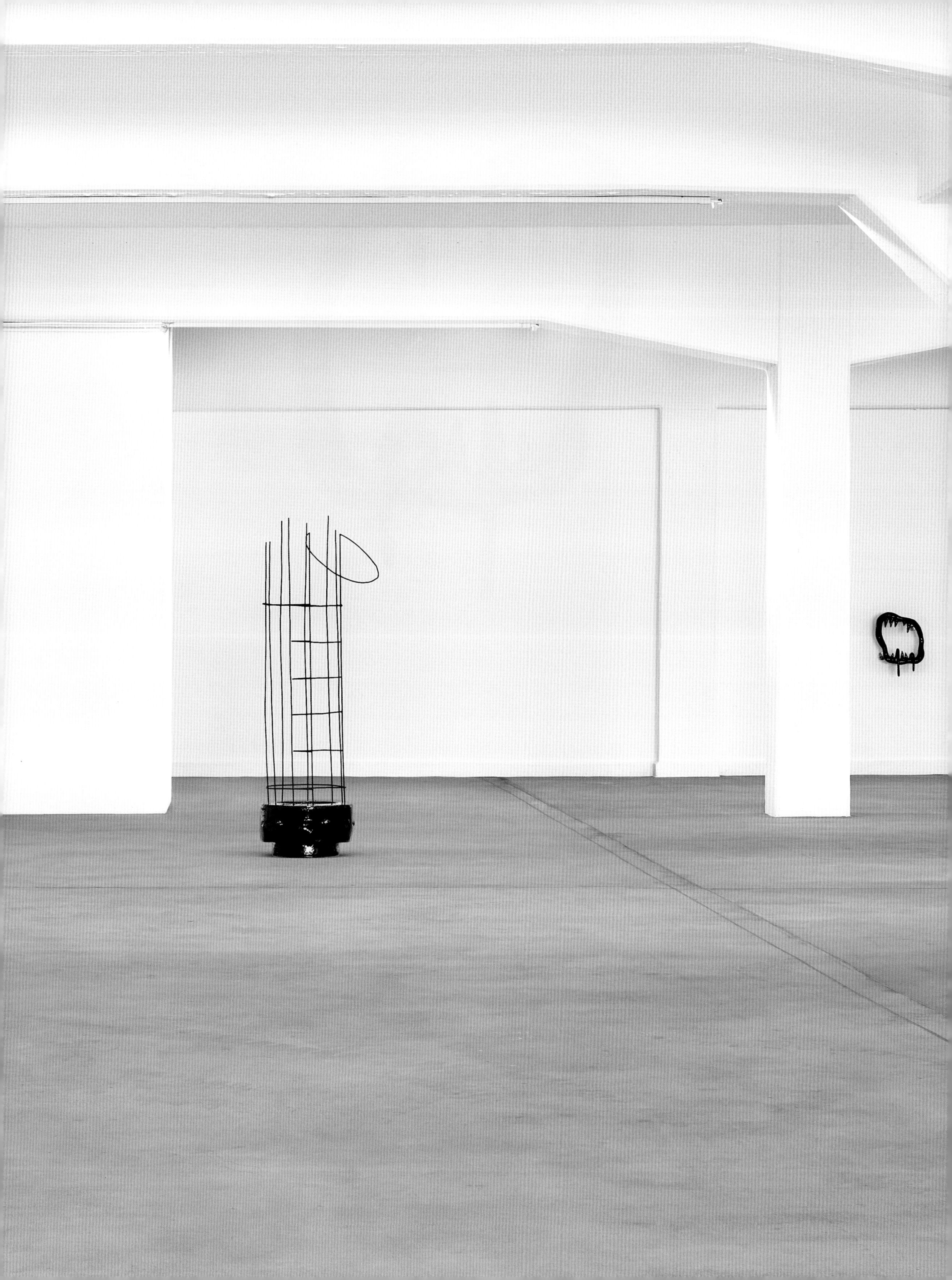

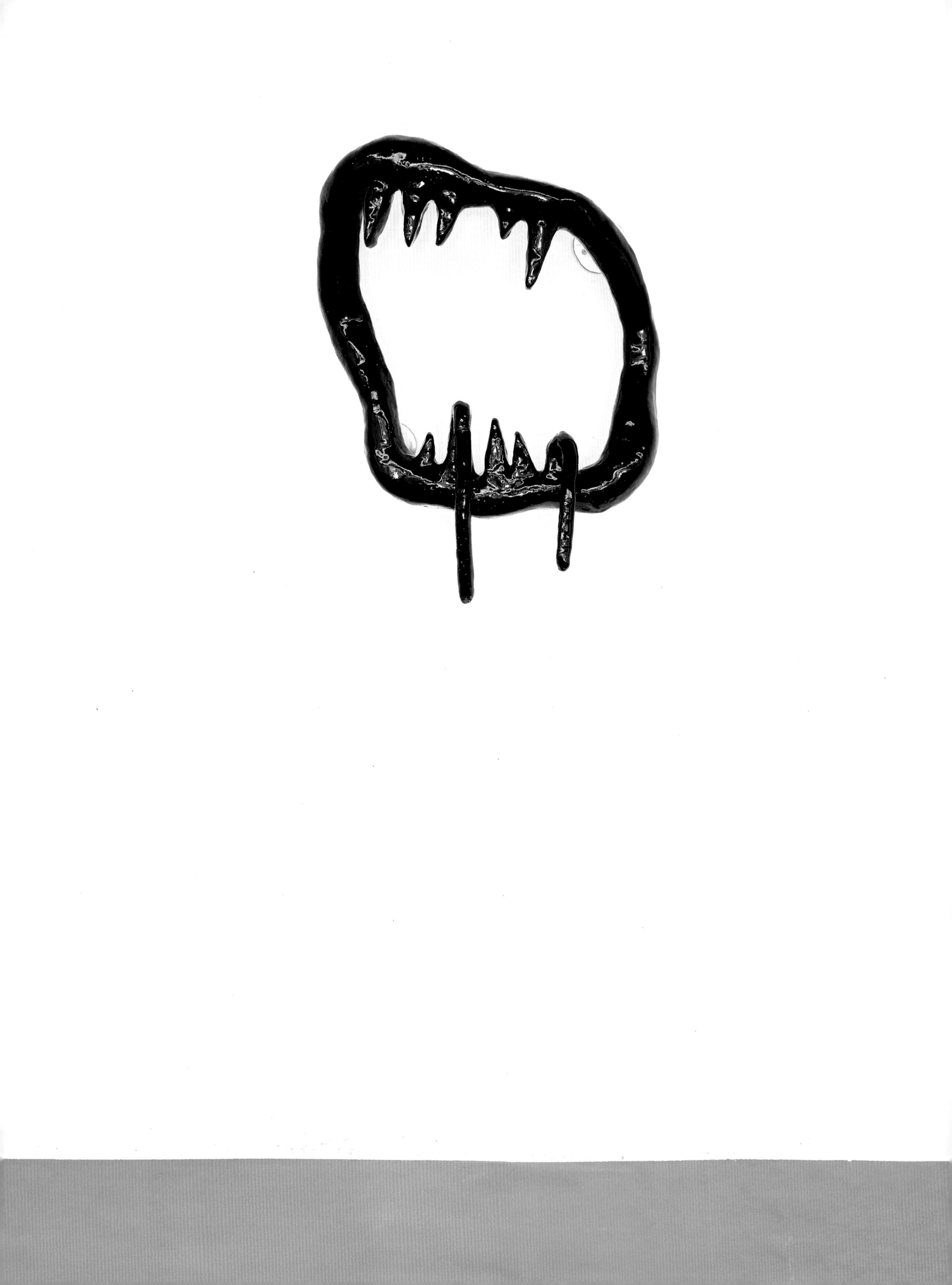

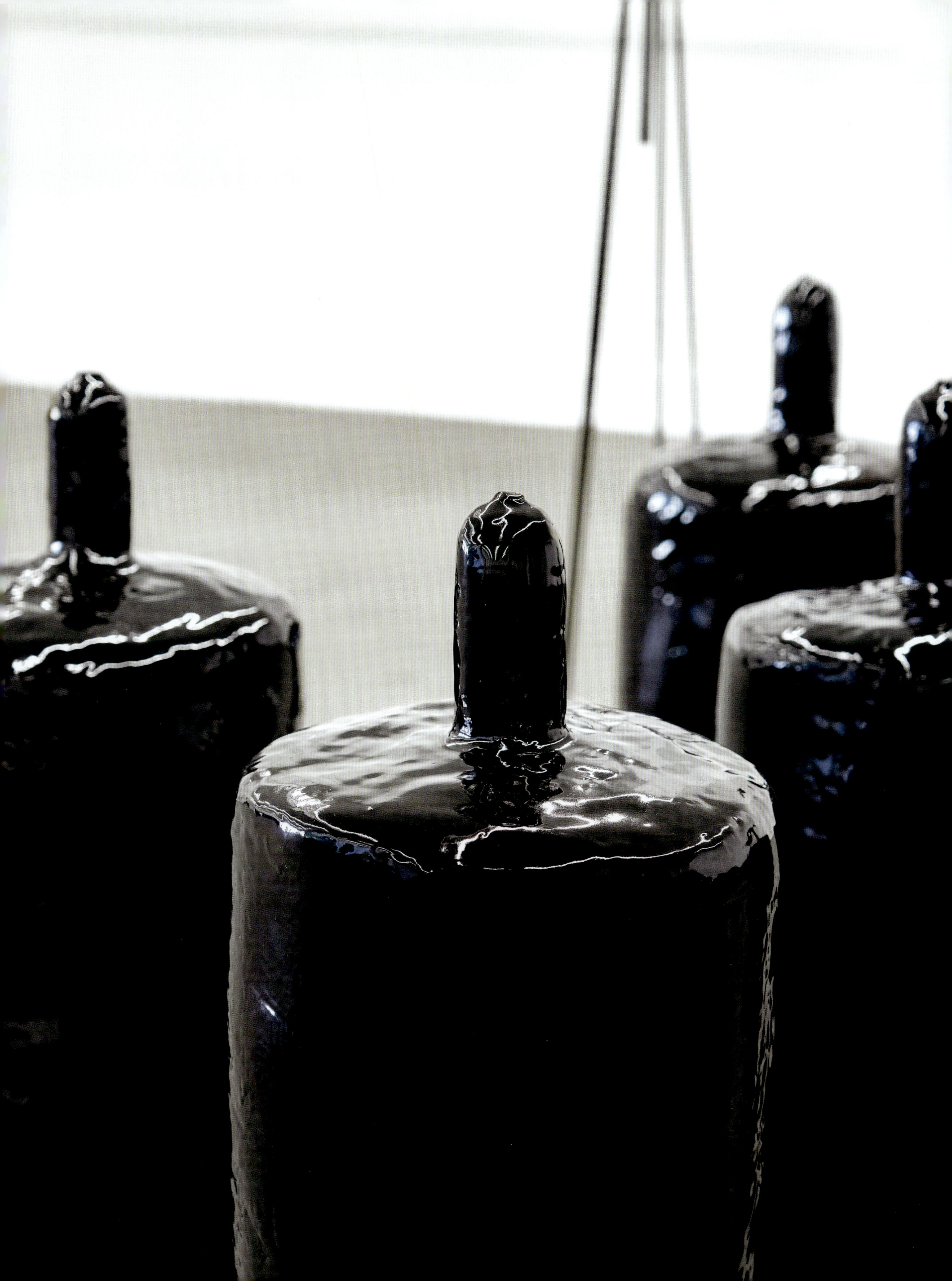

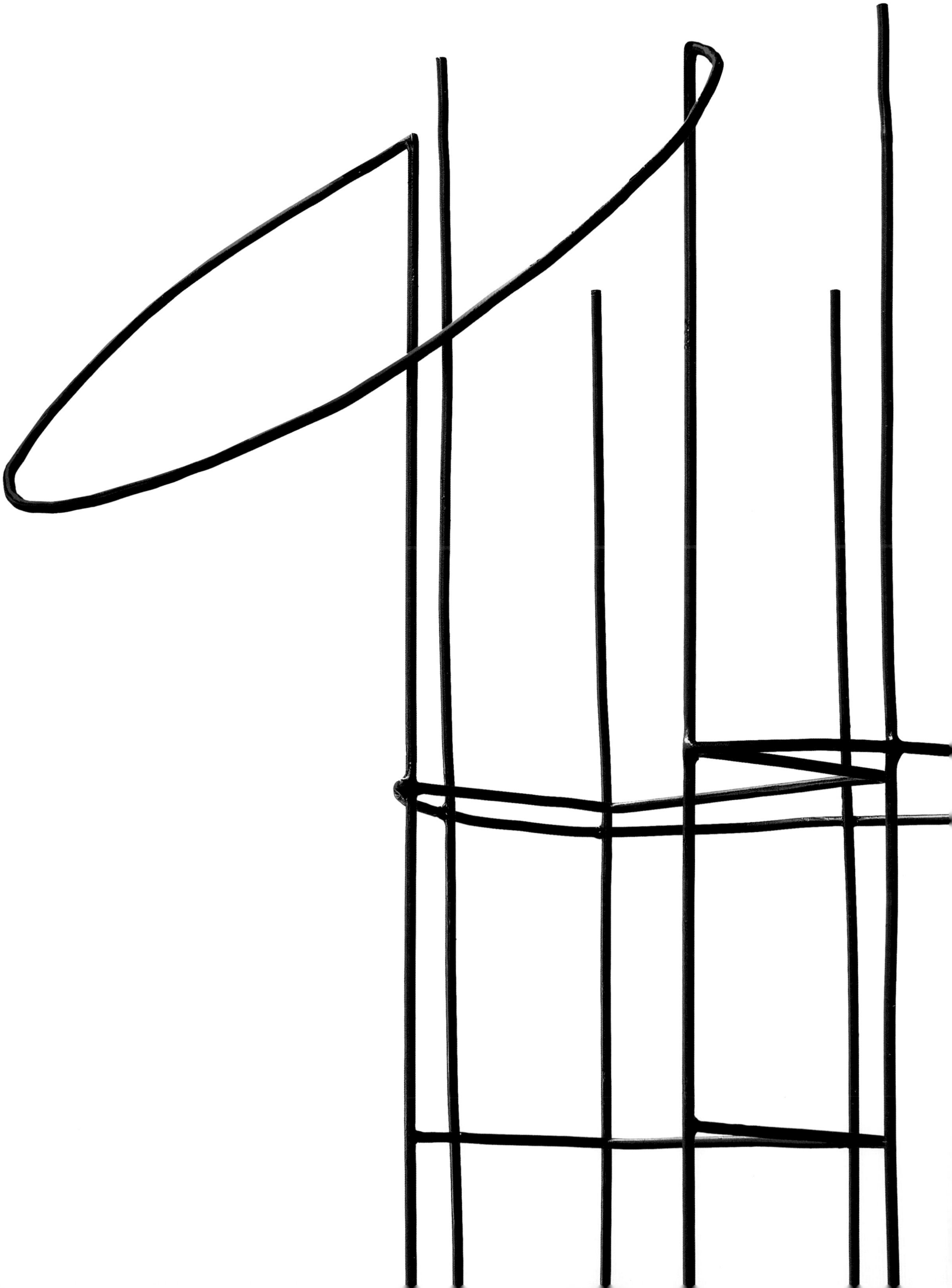

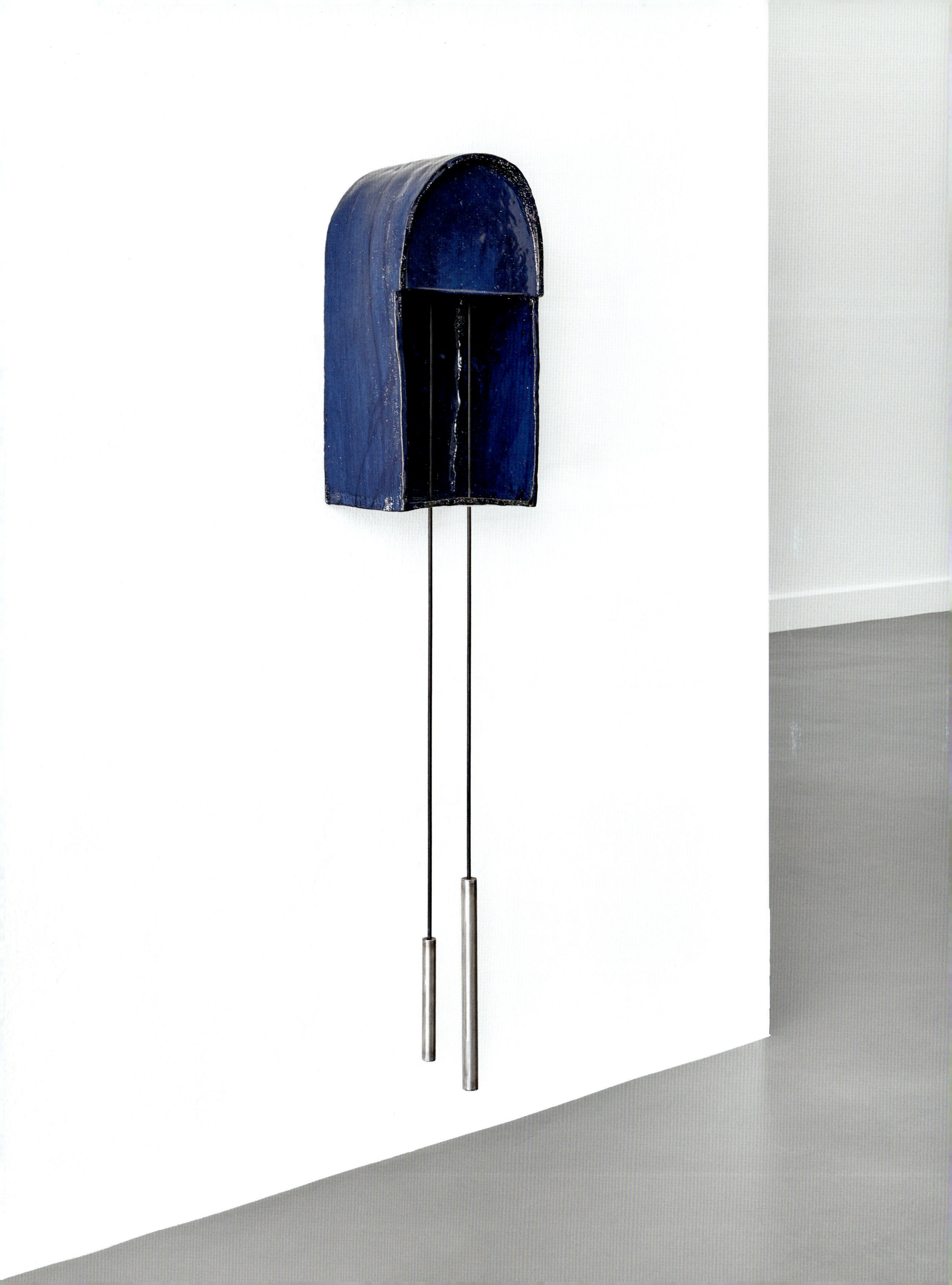

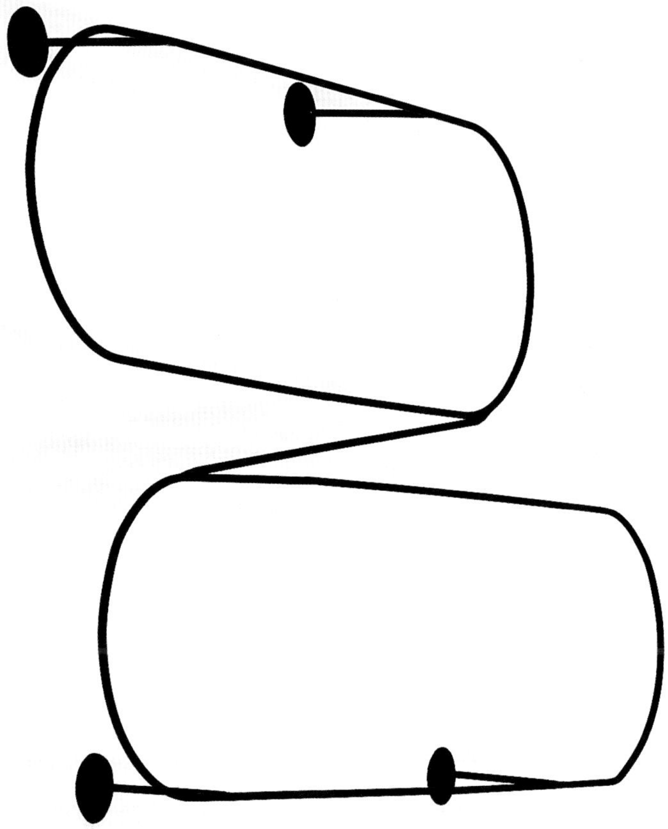

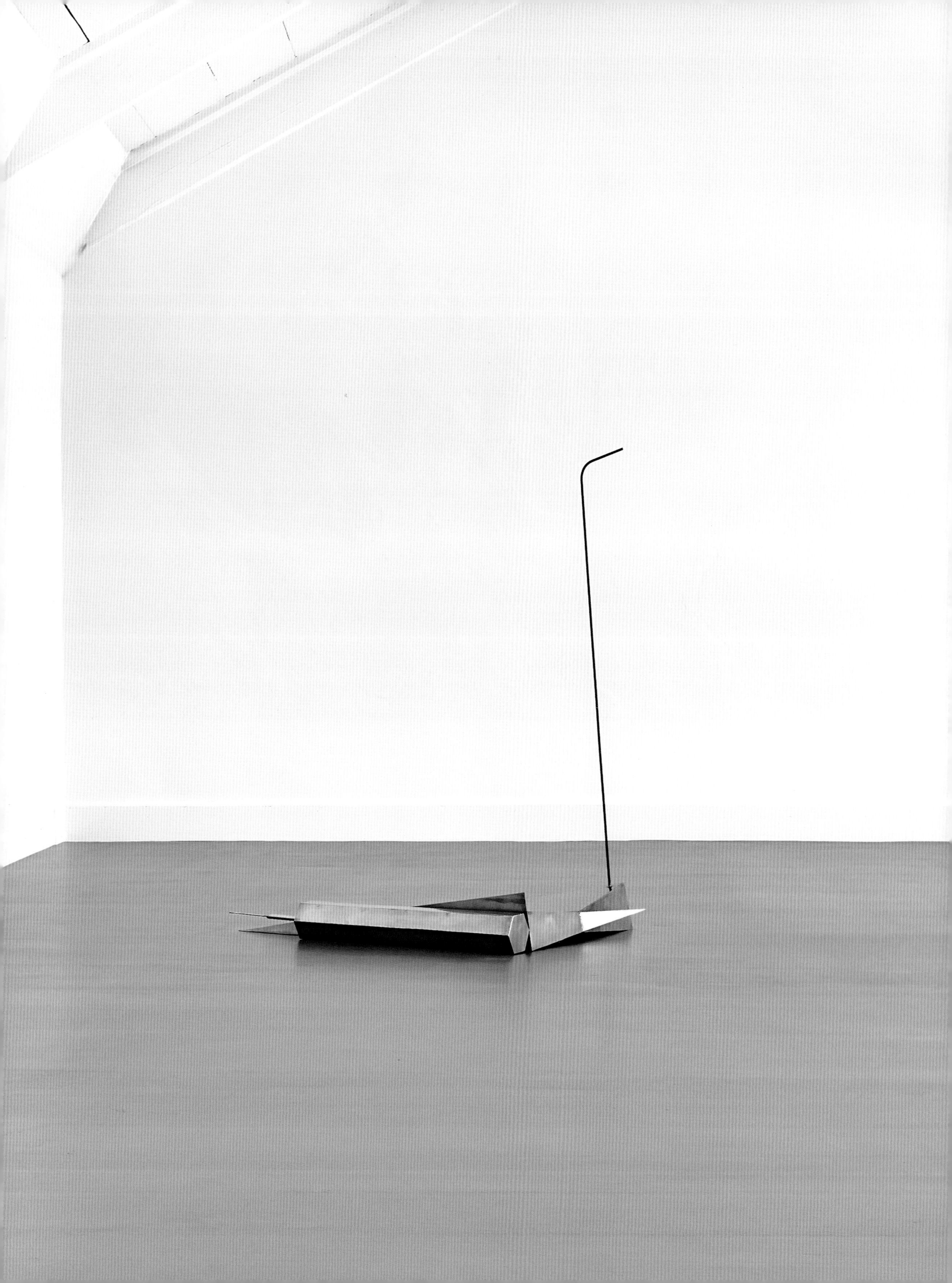

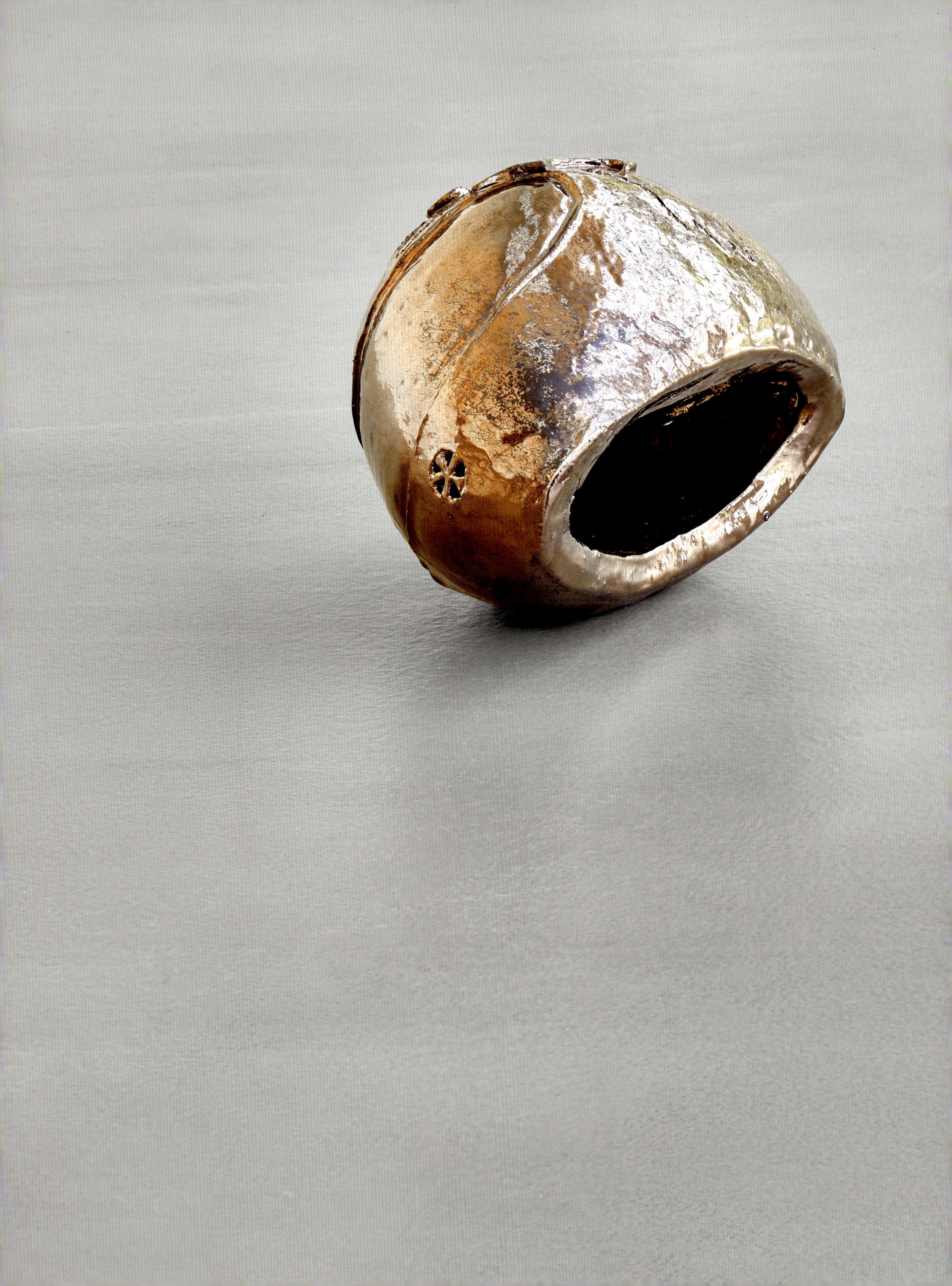

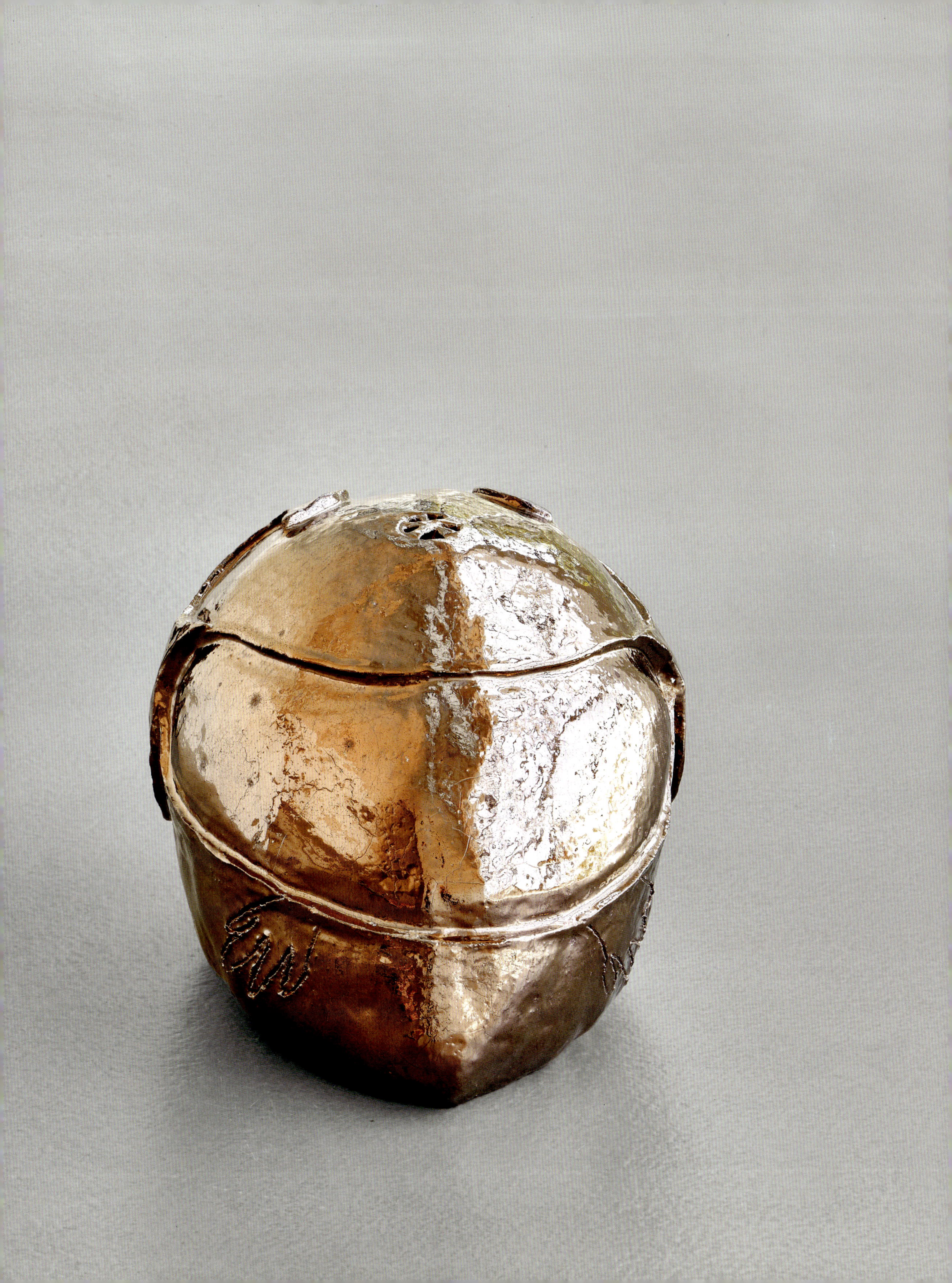

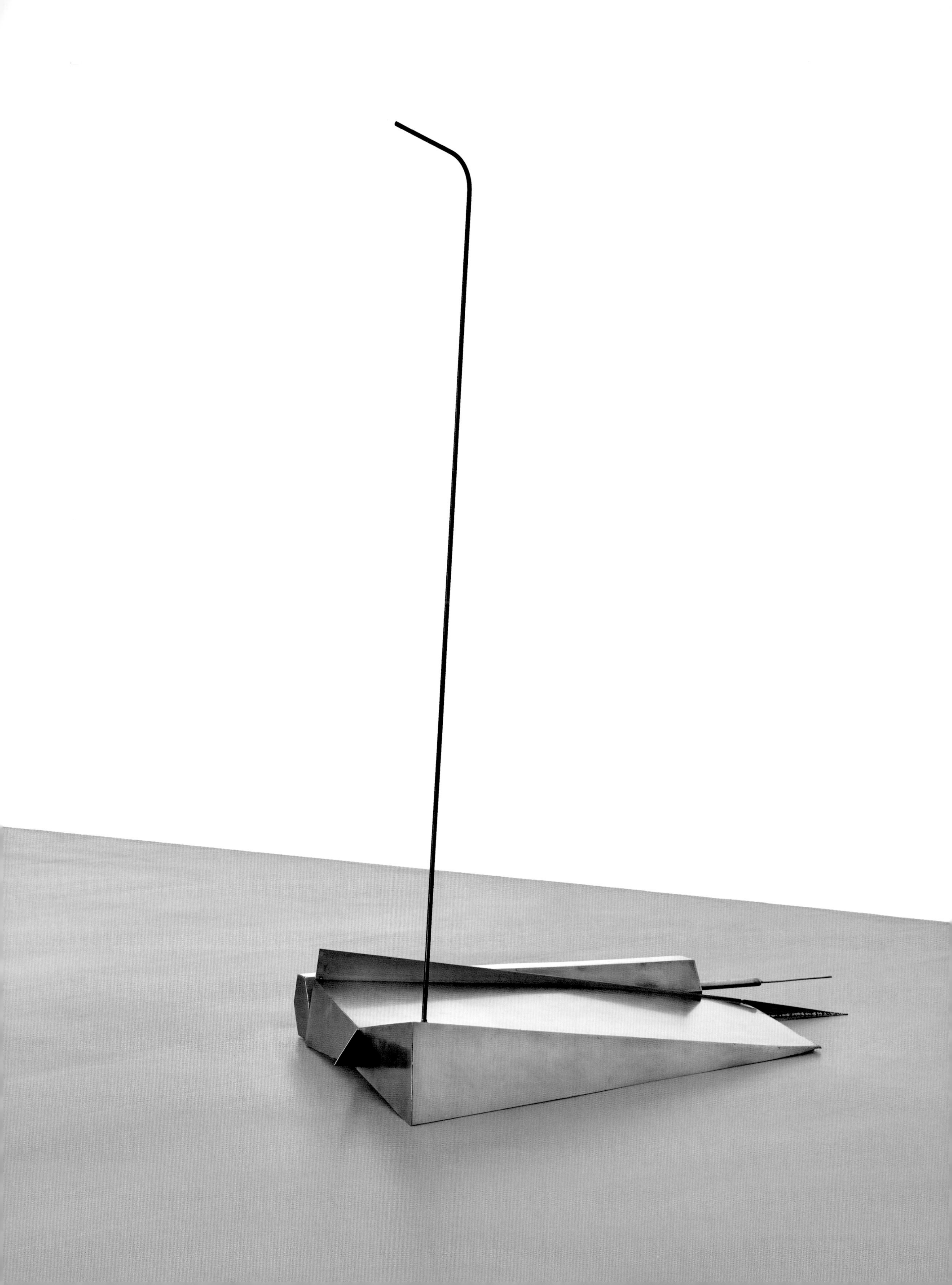

[Hypersleep]
von Dominik Bais

Der Begriff „Hypersleep" basiert auf einer Idee aus der Science-Fiction und beschreibt einen künstlichen, lang anhaltenden Schlafzustand, der es Raumfahrer:innen ermöglicht, große Distanzen über viele Jahrzehnte oder gar Jahrhunderte zurückzulegen. Möglich wird das, indem alle Stoffwechselaktivitäten des Körpers auf ein Minimum reduziert und somit Alterungsprozesse verlangsamt werden. Dadurch verharren die Reisenden jedoch in einem Zustand der Bewusstlosigkeit und erwachen erst am Ziel ihrer Expedition. Wie der Autor Stanisław Lem am Beispiel der Romanfigur des Raumfahrers Ijon Tichy zeigt, kann es jedoch immer wieder zu Zwischenfällen mit Zeitlöchern und Zeitschleifen kommen, die eine stringente Chronologie von Tichys Leben unmöglich machen. So tauchen in den Sterntagebüchern konkurrierende Erinnerungen auf, die Lem zu einem sich überlagernden Netz von Erzählungen verwebt.

Entsprechend verhält es sich mit den Installationen von Lisa Seebach in der Ausstellung „Earthy Liquids and Heavy Metal [Hypersleep]": das Werk der Bildhauerin entfaltet eine paradoxe Welt voller assoziativer Metaerzählungen, die immer wieder neu zusammengesetzt und neu interpretiert werden können. Ausgangspunkt für die Skulpturen sind meist Zeichnungen der Künstlerin. Darin kombiniert Seebach Sinneseindrücke mit eigenen Gedanken und Gefühlen und transformiert so konkrete Beobachtungen in eine imaginäre Welt. Manche dieser Einflüsse sind offensichtlich wie bei der Skulptur „Heimweh Industria", die an die stählernen Fördergerüste stillgelegter Zechen im Ruhrgebiet nahe ihrer Geburtsstadt Köln erinnert. Andere Bezüge bleiben abstrakt verschlüsselt und vermitteln eher mentale Zustände oder Gefühle. Auch die von Seebach eingesetzten Materialien und ihre Inszenierung im Raum tragen zu dieser offenen Bedeutungsstruktur bei. Die Kombination von glasierter Keramik und lackiertem Stahl weckt Assoziationen und ermöglicht durch die mehrdimensionale Beschaffenheit der Materialien sinnliche Erfahrungen. So können beispielsweise die weißen Einschlüsse in der blauen Glasur der Skulptur „Fragile Knowledge" als Himmelskörper gelesen werden, was der Skulptur eine transzendente Wirkung verleiht. Die Bedeutung des Materials ist im Titel der Ausstellung zusätzlich hervorgehoben. Dieser beschreibt zwei Materialzustände, die in den Arbeiten nicht mehr zu sehen sind. So ist die Keramik gebrannt und die Glasur durch den Schmelzprozess erstarrt. Auch der von Seebach verwendete Stahl wirkt alles andere als schwer, er steht vielmehr linear und leicht im Raum.

[Hypersleep]
by Dominik Bais

The term "hypersleep" has its roots in science fiction and describes a state of induced, prolonged sleep that allows space travellers to cover long distances over many decades or even centuries. This is achieved by reducing all metabolic activity in the body to a minimum, thereby slowing down the ageing process. As a result, the travellers remain in a state of unconsciousness, only waking up when they reach their destination. As novelist and short story writer Stanisław Lem illustrates with the character of space pilot Ijon Tichy, incidents involving time loops and time distortions can occur, making a strictly linear chronology of Tichy's life impossible. As a consequence, Lem's The Star Diaries teems with competing memories that he weaves into an overlapping web of narratives.

Lisa Seebach's installations in the exhibition Earthy Liquids and Heavy Metal [Hypersleep] have a similar quality: the sculptor's work unfolds a paradoxical world full of associative meta-narratives that can be continually reassembled and reinterpreted. The starting point for her sculptures are often her own drawings, in which the artist combines sensory impressions with her thoughts and emotions, transforming concrete observations into an imaginary world. Some of these influences are obvious, as in Heimweh Industria – a sculpture that recalls the steel pithead towers of disused mines in the Ruhr area near her hometown of Cologne. Others remain abstract and cryptic, conveying more mental states or feelings. Contributing to these open-ended structural denotations are the materials Seebach uses and the way they are made to appear in space. The combination of glazed ceramics and painted steel is evocative, conjuring associations and allowing for sensory experiences through the multi-dimensional nature of the materials. For example, the white inclusions in the blue glaze of the sculpture Fragile Knowledge can be read as celestial bodies, giving the sculpture a transcendent effect. The significance of the material is further emphasised by the exhibition title, that describes two material states that are no longer visible in the works. The ceramic has been fired and the glaze has solidified through the melting process. Similarly, the steel Seebach uses is anything but heavy, standing lightly and linearly in space. The weight and balance of the steel structures is provided by the ceramic, whose volume anchors the structures in space. For Seebach, achieving this balance is a matter of carefully analysing the exhibition space and placing the often-modular elements of her installations precisely in it, as when she attaches a ceramic piece to a column

Das Gewicht bzw. die Balance erhalten die Stahlkonstruktionen durch die Keramiken, die mit ihrem Volumen die Strukturen im Raum verankern. Um diese Balance zu erreichen, analysiert Seebach den Ausstellungsort und platziert die meist modularen Elemente ihrer Installationen präzise im Raum. So etwa, wenn Seebach eine Keramik mit zwei Spanngurten an einer Säule des Ausstellungsraums befestigt. Andere Installationen werden dagegen selbst zur Architektur, etwa durch keil- oder kreisförmige Stahlkonstruktionen, die das hallenartige Erdgeschoss des Museums strukturieren und sowohl den einzelnen Modulen der Installationen als auch den Besucher:innen Bezugspunkte im Ausstellungsraum ermöglichen.

Inhaltlich deuten Seebachs Skulpturen abstrakt und geheimnisvoll verzerrte Objekte wie Fenster, Uhren, Gasflaschen oder Ölfässer an, die zwischen Science-Fiction und dystopischer Postapokalypse zu ästhetischen Akteuren einer poetisch-rätselhaften Inszenierung werden. Orientierung versprechen die drei Aquatintas „Terra Incognita". Der Titel ist ein historischer Begriff aus der Kartographie, mit dem noch nicht kartographierte Gebiete beschrieben wurden. Aus dem Augenwinkel wirken die Zeichnungen netzartig wie Wegkarten, die sich nicht entschlüsseln lassen. Bei näherer Betrachtung ordnen sich die weißen Linien auf den schwarzen Farbflächen zu abstrakten Architekturen. So ist auf einer Aquatinta eine Kapelle zu erkennen, die jedoch vom Darstellungszwang räumlicher Verhältnisse oder statischer Grundbedingungen befreit ist. Es scheint, als sei der Zeichnung eine vierte Dimension hinzugefügt worden, die es ermöglicht, alle Außenwände und das Dach gleichzeitig zu sehen. Dieser Effekt zeigt sich auch bei den Skulpturen, die durch die offene Stahlkonstruktion und die mehrfach abgewinkelten Stahlbleche einen multiperspektivischen Zugang zur skulpturalen Form ermöglichen. Aber auch inhaltlich bewegen sich die einzelnen Objekte ambivalent zwischen potenzieller Bedrohung und möglichem Ausweg aus der Dystopie. So begegnen die Besucher:innen etwa bei „Ultimate Force [Running Out of your Mouth Like Ectoplasm]" einem aufgerissenen Maul mit drohenden Zähnen oder beginnen sich zu fragen, wohin der sogenannte „Fluchttunnel" führen könnte. Nach und nach tauchen Gegenstände auf, die wir aus unserer eigenen Welt zu kennen glauben, die sich aber in ihrer Materialität, Beschaffenheit und Erscheinung von unserer Alltagswirklichkeit unterscheiden. Durch diese Vagheit werden Seebachs Arbeiten zu Zeichen, deren Deutung eigene Erzählungen

EN

in the exhibition venue using two tension straps. Other installations – such as the wedge-shaped or circular steel constructions in the museum's hall-like ground floor – become architectural in themselves, providing reference points within the exhibition space for both visitors and individual modules of the installations.

In terms of content, Seebach's sculptures abstractly and mysteriously suggest distorted objects such as windows, clocks, gas cylinders or oil barrels that oscillate between science fiction and dystopian post-apocalypse, becoming aesthetic actors in a poetically enigmatic staging. The three aquatints Terra Incognita promise orientation: the title is a historical cartographic term used to describe unknown territories. At first glance, the drawings appear net-like – akin to maps that cannot be deciphered. On closer inspection, the white lines on the black surfaces arrange themselves into abstract architectures. One aquatint, for example, depicts a chapel freed from the representational constraints of spatial relationships or static foundations. It is as if a fourth dimension has been added to the drawing, allowing all the external walls and the roof to be seen simultaneously. This effect is echoed in the sculptures, where open steel constructions and multi-angled steel sheets facilitate an approach of the sculptural form from multiple perspectives and directions. But also on a substantive level, individual objects hover between potential threat and possible escape from dystopia. In Ultimate Force [Running Out of your Mouth Like Ectoplasm], for example, visitors encounter a gaping maw with menacing teeth, or they are left wondering where the so-called "escape tunnel" might lead. Gradually we encounter objects that we think we recognise from our world, but which differ in their materiality, composition and appearance from our own everyday reality. Through this vagueness, Seebach's works become signs or symbols that allow for personal interpretations and narratives involving visitors as active participants in the process of making meaning. The American art theorist Rosalind Krauss explored the concept of an open and dynamic relationship between artwork and viewer as early as 1977 in her text Passages in Modern Sculpture. In it, Krauss rejects the notion that an individual's self is private and exclusive, and that new experiences must always be integrated into an existing system of meaning. Instead, she emphasises that the self – and consequently the meanings of works of art – are continually constituted in contact with the outside world. The

zulässt. Die Besucher:innen werden dadurch als aktive Teilnehmer:innen in den Prozess der Bedeutungsbildung einbezogen. Dieses Formverständnis einer offenen und dynamischen Beziehung zwischen Werk und Betrachter:in führt Rosalind Krauss bereits 1977 in ihrem Text „Passages in Modern Sculpture" aus. Krauss lehnt die Vorstellung ab, dass das Selbst eines Individuums privat und exklusiv ist und dass neue Erfahrungen immer in ein bereits bestehendes System von Bedeutungen integriert werden müssen. Stattdessen betont sie, dass sich das Selbst und damit auch die Bedeutungen von Kunstwerken fortwährend im Kontakt mit der Außenwelt konstituieren. Betrachter:in und Werk treten dabei als gleichwertige Entitäten auf, wodurch es bei der Rezeption zu Wechselwirkungen zwischen den verschiedenen Elementen der Werke und den individuellen Perspektiven der Besucher:innen kommt. Diese basieren auf subjektiven Erfahrungen, die jedoch fest in unserer gemeinsamen Gegenwart verankert sind. Ob Pandemien, Klimakrise oder die Zunahme von Konflikten und Kriegen - die Erwartung einer apokalyptischen Welt scheint sich zu nähren. Während sich die einen bereits auf den drohenden Ernstfall vorbereiten, bleibt in vielen Science-Fiction-Romanen die Herausforderung an die Gesellschaft, die drohende Apokalypse abzuwenden. Seebach gibt jedoch keine Richtung vor, denn ihre Angebote sind fragil und flüchtig. Vielmehr fungieren ihre Arbeiten als Katalysatoren für subjektive Erzählungen, Hoffnungen und Ängste, die in die Wahrnehmung und Interpretation der Skulpturen einfließen.

Dennoch reizt die Überlegung, die Arbeiten ohne rezipierendes Subjekt zu denken: Was wäre, wenn der Vorgang der Bedeutungsbildung nicht mehr ausschließlich als ein Prozess zwischen Mensch und Kunstwerk wahrgenommen wird, sondern auch als einer, der jenseits menschlicher Präsenz und Wahrnehmung existiert? Was wäre, wenn wir Seebachs Installationen als Brücken in eine Welt verstehen, die uns fremd bleibt und deren Erzählungen wir nur noch erahnen können – eine Welt, in der die Skulpturen den Menschen gar nicht brauchen, um ihre eigene Existenz zu führen?

Wenn wir die Installationen aus dieser posthumanen Perspektive betrachten, wie sie unter anderem Rosi Braidotti vorschlägt, gewinnen sie eine neue, vielleicht düstere Bedeutung. Braidottis Konzept des Posthumanismus hinterfragt den traditionellen Anthropozentrismus und betont die Auflösung der Grenzen zwischen dem Menschlichen und dem Nicht-Menschlichen, zwischen Organischem und Anorganischem. In

EN

viewer and the work are seen as equal entities, leading to interactions between various elements of the works and the individual perspectives of the visitors. These are based on subjective experiences, which in turn are firmly rooted in our shared present. Whether it is pandemics, the climate crisis or the increase in conflicts and wars, the expectation of an apocalyptic world seems to be growing. While some are already preparing for the impending crisis, many science fiction novels challenge society to avert the looming apocalypse. In this sense, Seebach's work is not prescriptive: her offerings are fragile and ephemeral, offering no sense of direction. Rather, her works act as catalysts for the subjective narratives, hopes and fears that influence the perception and interpretation of the sculptures.

Nevertheless, the idea of considering the works without a receptive subject is intriguing: What if the process of meaning-making is perceived not only as an interaction between human and artwork, but also as one that exists beyond human presence and perception? What if we understood Seebach's installations as bridges to a world that remains alien to us, whose stories we can only guess at – a world in which the sculptures do not need humans to lead their own existence?

Viewed from this posthuman perspective, as suggested by thinkers such as Rosi Braidotti, the installations take on a new, perhaps darker meaning. Braidotti's concept of posthumanism challenges traditional anthropocentrism and emphasises the dissolution of boundaries between the human and the nonhuman, the organic and the inorganic. In a posthuman future, machines and objects could lead an existence independent of humans, possibly outlasting them. In that case, the abstract and ambivalent forms of Seebach's sculptures, which seem alien in their materiality and form, would be more than just an aesthetic staging pointing to a dystopian future. The sculptures themselves could be understood as machines or relics beyond human influence.

As such, they could no longer be regarded as passive objects dependent on interaction with visitors, but as autonomous actors with their own history and meaning – independent of human interpretation. In this light, works such as Ultimate Force [Running Out of Your Mouth Like Ectoplasm] could be interpreted not only as symbols of human fears and hopes, but also as remnants of a posthuman world in which humankind is no longer the central point of reference. The distorted objects could be machines created for other purposes,

einer posthumanen Zukunft könnten Maschinen und Objekte eine Existenz führen, die vom Menschen unabhängig ist und ihn möglicherweise überdauert. Die abstrakten und ambivalenten Formen Seebachs Skulpturen, die in ihrer Materialität und Gestalt unserer Welt fremd erscheinen, wären dann mehr als nur ästhetische Inszenierungen, die auf eine dystopische Zukunft hinweisen. Die Skulpturen selbst könnten als Maschinen oder Relikte verstanden werden, die eine Existenz jenseits menschlicher Einflüsse führen. Sie dürften dann nicht länger als passive Objekte betrachtet werden, die auf die Interaktion mit den Besucher:innen angewiesen sind, sondern als autonome Akteure, die ihre eigene Geschichte und ihre eigene Bedeutung tragen – unabhängig von menschlicher Interpretation. In diesem Licht betrachtet, könnten Arbeiten wie „Ultimate Force [Running Out of your Mouth Like Ectoplasm]" nicht nur als Sinnbilder menschlicher Ängste und Hoffnungen gedeutet werden, sondern als Überreste einer posthumanen Welt, in der der Mensch nicht mehr der zentrale Bezugspunkt ist. Die verzerrten Objekte könnten Maschinen sein, die für andere Zwecke geschaffen wurden, aber nun in einem Zustand des Verfalls oder der Transformation existieren, in einer Welt, in der menschliche Kategorien wie „Bedrohung" oder „Ausweg" irrelevant geworden sind. Die „Terra Incognita"-Aquatintas könnten in dieser Lesart als kartographische Überbleibsel einer Welt verstanden werden, die der Mensch nie vollständig begreifen konnte und die jetzt von neuen, posthumanen Subjekten durchstreift wird. Diese Subjekte – seien es Maschinen, künstliche Intelligenzen oder andere posthumane Entitäten – könnten in den Arbeiten von Seebach Resonanzkörper finden, die unabhängig von menschlichen Narrativen agieren.

Die Anwendung neomaterialistischer Ansätze wie Braidottis Posthumanismus auf Seebachs Arbeiten erscheint vor allem deshalb produktiv, weil diese Theorien ein großes Interesse an Materialität und Materialisierungsprozessen aufweisen, die für Seebachs Werkprozess grundlegend sind. Zudem eröffnen sie die Möglichkeit, die Installationen als aktive und eigenständige Akteure zu betrachten, die unabhängig von menschlicher Betrachtung existieren. Eine besondere Rolle kommt dabei den verwendeten Materialien zu, deren Potenzial zur eigenen Bedeutungs- und Weltbildung hervorgehoben wird. Aus ihnen schafft Seebach Skulpturen, die wie Reminiszenzen aus einer fernen Zukunft erscheinen, die nach einer langen Phase des Hyperschlafs auf uns einwirken.

EN

now existing in a state of decay or transformation, in a world where human categories such as "threat" or "escape" have slipped into irrelevance. The Terra Incognita aquatints could, in this reading, be seen as cartographic remainders of a world never fully understood by humans and now traversed by new, posthuman subjects. These subjects – whether machines, artificial intelligences or other posthuman entities – could find resonance in Seebach's works, acting independently of human narratives.

Applying neomaterialist approaches such as Braidotti's posthumanism to Seebach's work seems productive primarily because these theories show a deep interest in materiality and materialisation processes, both of which are fundamental to Seebach's creative practice. These concepts open up the possibility of seeing her installations as active, autonomous agents that exist independently of human viewership. At the same time, the materials play a crucial role in highlighting their potential to create their own meanings and worlds. Seebach uses them to create sculptures that resemble memories from a distant future – reminiscences that affect us as we emerge from a long period of hypersleep.

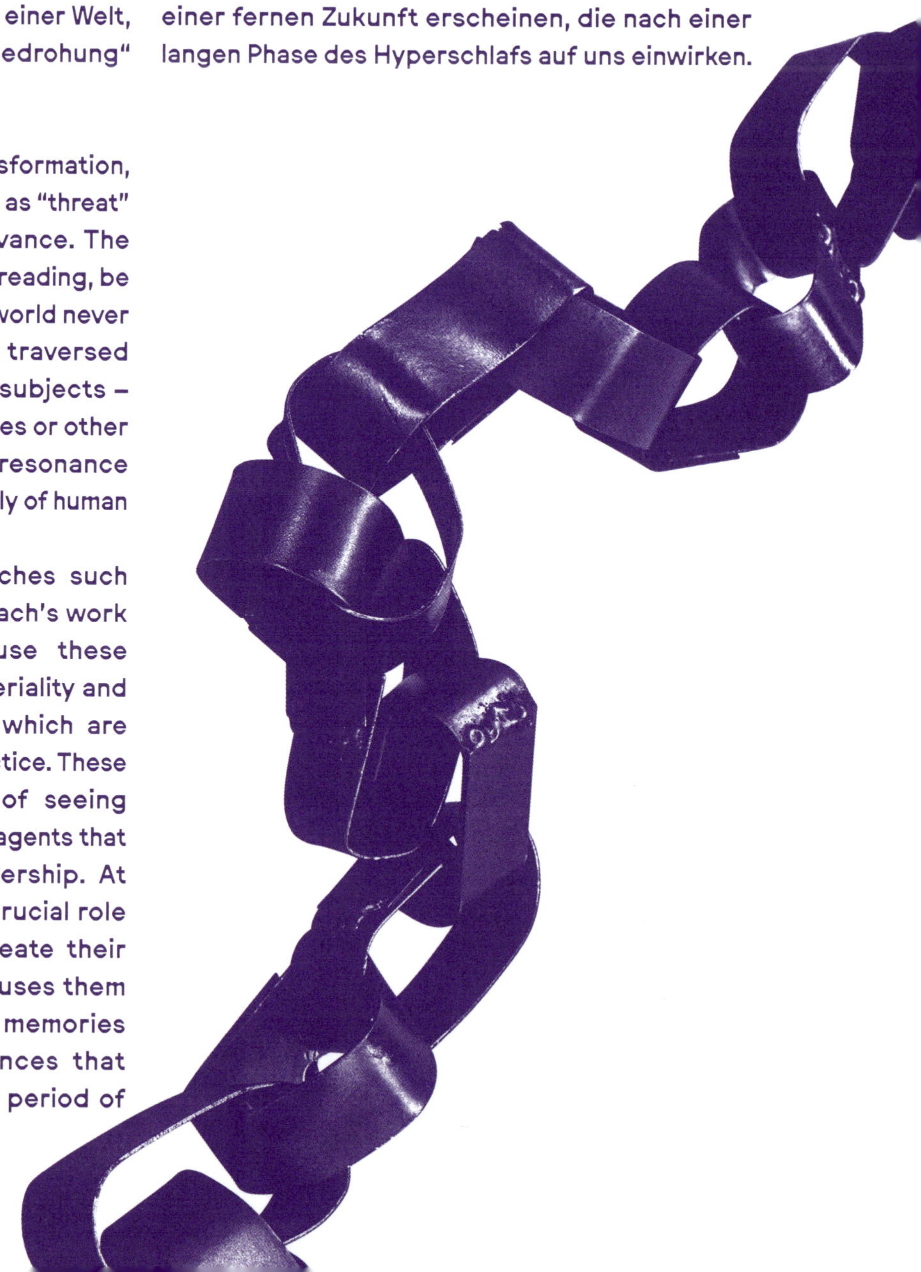

Shapeshifters
von Olga Hohmann

Unter meinen Füßen verflüchtigt sich der Boden. Ich versuche mich an dem Metallhandlauf an der Wand links neben mir festzuhalten und erreiche, mit Mühe und Not, das rettende, das zur Rettung gedachte, Objekt. Da windet es sich unter meinem Griff und reckt sich in die andere Richtung. Es biegt sich von mir fort, es schlängelt sich davon. Es hat sich selbstständig gemacht, indem es die Gestalt radikal verändert. Meine Hände greifen ins Leere.

Oder, variierend: Das Metallobjekt hat den Aggregatzustand gewechselt, ist flüssig geworden, schmilzt unter der Berührung meiner Hände, die Nägel krallen sich in die Handballen. Es bleiben Spuren, ich sehe sie, nach dem Aufwachen.

Oder, variierend: Der Handlauf bricht zusammen, löst sich von der Wand und fällt auf den Boden. Man hört keinen Ton, aber man sieht noch die Löcher, die in der Wand zurückbleiben. Ich falle.

Der Hypersleep ist nicht besonders erholsam. Als ich aufwache, habe ich keine Idee, wie lang ich geschlafen habe, die Zeit ist aus den Fugen: Stunden, Tage, Jahrzehnte oder Jahrhunderte? Ich sehe mich um. Das Zimmer, das ich vom Bett aus sehe, zerfällt in seine Einzelteile. Die Wände

Shapeshifters
by Olga Hohmann

The floor disappears underneath my feet. I try to hold on to the metal handrail on the wall to my left and, with some effort, reach the saving object. It twists under my grip and stretches in the other direction. It bends away from me, it meanders out of my grasp. It has taken on a life of its own, radically changing shape. My hands reach into the void.

Or, in variations: the metal object has changed its state of aggregation, has become liquid, melts under the touch of my hands, the nails claw into the palms of my hands. Traces remain, I see them after waking up.

Or, in variations: the handrail collapses, detaches from the wall and falls to the ground. You can't hear a sound, but you can still see the holes left in the wall. I fall.

The hypersleep is not particularly restful. When I wake up, I have no idea how long I've been asleep, time is out of joint: hours, days, decades or centuries? I look around me. The room I can see from my bed is falling apart. The walls no longer seem solid, just as the objects seem to have lost their function. Perception itself - in its differentiated light and shadow - has been brought to the foreground.

It is quiet in a way that suggests that it has always been this silent. My gaze wanders through an environment that consists only of traces. I think:

wirken nicht mehr solide, ebenso wie die Gegenstände ihrer Funktion beraubt zu sein scheinen. Die Wahrnehmung selbst – in ihrer differenzierten Licht- und Schattenhaftigkeit – ist in den Vordergrund gerückt.

Es ist still, auf eine Weise, die nahelegt, dass es schon ewig, schon immer so still war. Mein Blick wandert durch eine Umgebung, die nur noch aus Spuren besteht. Ich denke: „Leaving traces means to stop moving".

Eine Spur ist immer schon der Anfang vom Ende der Lebendigkeit. Eine Spur hinterlässt das, was nun abwesend ist. Sie zu hinterlassen bedeutet also, sich zu verflüchtigen.

Ich schaue mich um, in der Welt aus Spuren, die Stille ist gespenstisch. Noch Gespenstischer: Zu wissen, dass man sich nicht fürchten braucht.

Wenn man etwas erkennt - oder zumindest zu erkennen scheint -, stoppt dabei unbewusst der Erkenntnisprozess. Der Zustand der Assoziation, sowie der Zustand der Dissoziation, sind unterbrochen. Man sieht, man identifiziert, man benennt, man kategorisiert.

Was aber, wenn das Tasten im Halbdunkeln bleibt? Wenn das Vage bejaht wird, sich die Ein- und Zuordnung zwar ab und an einstellt, dann jedoch wieder verliert und ständig durch eine neue ersetzt wird? Die Autonomie der Dinge wiederholt sich, aber immer auf eine neue, bisher ungeahnte Weise.

Alles wirkt leicht schimmernd, gleichzeitig fahl. Glasiert. Schemenhaft erkennt man die Dinge in ihrer Funktion - die jedoch gleich wieder zu zerfallen scheint. Es bleibt: Das Objekt in seiner hybriden Phänomenhaftigkeit.

In Lisa Seebachs bildhauerischer Praxis erinnern die Objekte an Gegenstände, die man, zum Beispiel aus dem Alltag, zu kennen glaubt. Und wie bei einer Wortfindungsstörung liegt einem die Referenz auf der Zunge – und in dem Moment, in dem sie sich zu konkretisieren scheint, verflüchtigt sie sich wieder. Die Dinge sind greifbarungreifbar, ein bißchen so, als hätten sich die eigenen Proportionen im Ausstellungsraum verschoben - und als würden sie sich immer weiter verschieben. Wie in einem Labyrinth, das immer neue Gestalt annimmt, je nachdem, wie man sich gerade meinte, orientieren zu können. Die Orientierungsgabe, das Vertrauen der eigenen Wahrnehmung gegenüber, schwindet zunehmend. Im besten Fall bedeutet das, im zweiten Schritt, Hingabe. Man lässt die vertrauten taxonomischen Systeme hinter sich und schaut neugierig und verwundert zu, wie sich die Welt um einen als fragil offenbart, im besten Sinne.

EN

"Leaving traces means to stop moving".

A trace is always the beginning of the end of liveliness. A trace leaves behind that which is now absent. So to leave a trace means to evaporate.

I look around me in the world of traces, the silence is ghostly.

Even more spooky, though: knowing that there is no need to be afraid.

When you recognize something – or at least seem to recognize it – the cognitive process stops unconsciously. The state of association and the state of dissociation are interrupted. You see, you identify, you name, you categorize.

But what happens when the tactile experience remains in the dark? When the vague is affirmed, when the classification and categorization is established from time to time, but then lost again and constantly replaced by a new one? The autonomy of things repeats itself, but always in a new, previously unimagined way.

Everything appears slightly shimmering, pale at the same time glazed. One can dimly recognize the function of things – which, however, seems to disintegrate again immediately. It remains: The object in its hybrid phenomenality.

In Lisa Seebach's sculptural practice, the objects are reminiscent of objects that we think we know from everyday life. The reference is on the tip of your tongue – but the moment it seems to materialize, it evaporates again. Things are tangible and intangible, a little as if one's own proportions had shifted in the exhibition space – and as if they were continuing to shift. Like in a labyrinth that constantly takes on new shapes, depending on how you think you can orient yourself. The ability to navigate, the trust in one's own perception, increasingly dwindles. At best, this means surrender in the second step. You leave the familiar taxonomic systems behind and watch with curiosity and wonder as the world around you reveals itself to be fragile.

Adolescents spend whole nights on playgrounds. They seek out the places of their childhood – the ones that have only just become foreign to them. They feel at home in them, but at the same time the transformation of their bodies is nowhere more obvious: their hips have become a little too wide to sit relaxed on the swings, their legs a little too long to slide smoothly down the slide. So they ambitiously wedge their bodies, in which they themselves feel alien, between the metal chains or the white tarnished hard plastic parts of the slide and remain there, miming a relaxed posture. They have become too big for the playground –

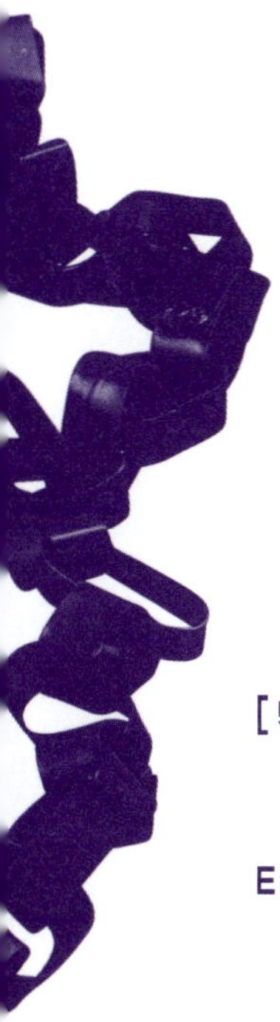

Jugendliche verbringen ganze Nächte auf Spielplätzen. Sie suchen die Orte der Kindheit auf – die, die ihnen gerade erst fremd geworden sind. Sie fühlen sich an ihnen Zuhause, gleichzeitig ist die Transformation ihrer Körper nirgendwo offensichtlicher: Die Hüfte nun ein wenig zu breit geworden, um entspannt auf der Schaukel sitzen zu können, die Beine ein wenig zu lang, um smooth die Rutsche herunter zu rutschen. Also klemmen sie den Körper, in dem sie sich selbst fremd fühlen, ambitioniert zwischen die Metallketten oder die weiß angelaufenen Hartplastikteile der Rutsche und verharren dort, mimen eine entspannte Haltung. Zu groß geworden für den Spielplatz – aber noch nicht groß genug, um ihn entschieden zu meiden. Die Teenager suchen Zuflucht im scheinbar Vertrauten, aus dem sie hinausgewachsen sind. Sie sind keine Kinder mehr, aber noch längst keine Erwachsenen. Nirgendwo ist die Diskrepanz stärker spürbar – unheimlicher – als auf dem Spielplatz, dennoch fühlt man sich nirgendwo sicherer. Sie verharren im Not-anymore, das mindestens so sehr ebenfalls ein Not-yet ist.

Auch Lisa Seebachs Arbeiten befinden sich auf dem schmalen Grat zwischen Nicht-mehr und Noch-nicht. Im fortlaufenden, unendlichen Transformationsprozess - ein Material geht in das Andere über, Keramik mimt Metall und andersherum, eine Referenz wird durch die jeweils nächste abgelöst. Die Arbeiten sind gleichermaßen im Bereich des Allzu-Weltlichen, als auch des Fantastischen angesiedelt – die beiden Pole scheinen sich weniger zu unterscheiden, als sich gegenseitig zu nähren.

Heavy Metal. The Metal is heavy. Die Schwere von Metall, schweres Metall, leichte und unsichtbare Schwermetalle (wie „Seltene Erden“) und nicht zuletzt natürlich „Heavy Metal“ Musik, das heißt, geschriene Satzfetzen. Und so wohnt auch den Arbeiten eine gewisse mehrdeutige Schwere inne, die lebendig bleibt. Die ihre Lebendigkeit sogar gerade in ihrer leichten Abseitigkeit, dem Abgewandten generiert. Den Arbeiten wohnt die Qualität eines Schattendaseins inne, als würde man sie während der blauen Stunde betrachten, wenn selbst die Sicht der Scharfsichtigsten unter uns eingeschränkt ist. Die Dinge verschwimmen im Halbdunkel, im Schatten des Mondes, miteinander – wir wissen nicht mehr, wo sie anfangen und wo sie aufhören. Ähnlich verhält es sich mit den Skulpturen, die sich in alle Richtungen auszubreiten scheinen und sich manchmal, bei näherer Betrachtung, schüchtern wieder zurückziehen.

EN

but not yet big enough to avoid it resolutely. The teenagers seek refuge in the seemingly familiar, which they have outgrown. They are no longer children, but they are far from being adults. Nowhere is the discrepancy more noticeable – more uncanny – than in the playground, yet nowhere do they feel safer. They persist in not-anymore, which is at least as much a not-yet.

Lisa Seebach's works also tread a fine line between no longer and not yet. In an ongoing, infinite process of transformation – one material merges into another, ceramic mimics metal and vice versa, one reference is replaced by the next. The works are equally located in the realm of the all-too-worldly and the fantastic – the two poles seem to be less distinct than mutually feeding each other.

Heavy Metal. The metal is heavy. The expression carries a certain ambivalence, partially, of course, referring to "heavy metal" music, i.e. shouted fragments of sentences. And so the works also have a certain ambiguous heaviness that remains alive. It even generates its immediacy precisely in its slight aloofness, the quality to turn away. The works have the inherent quality of being in the shadows, as if one were looking at them during the blue hour, when the vision of even the most clear-sighted among us is limited. Things blur together in the semi-darkness, in the shadow of the moon – we no longer know where they begin and where they end. It is similar with the

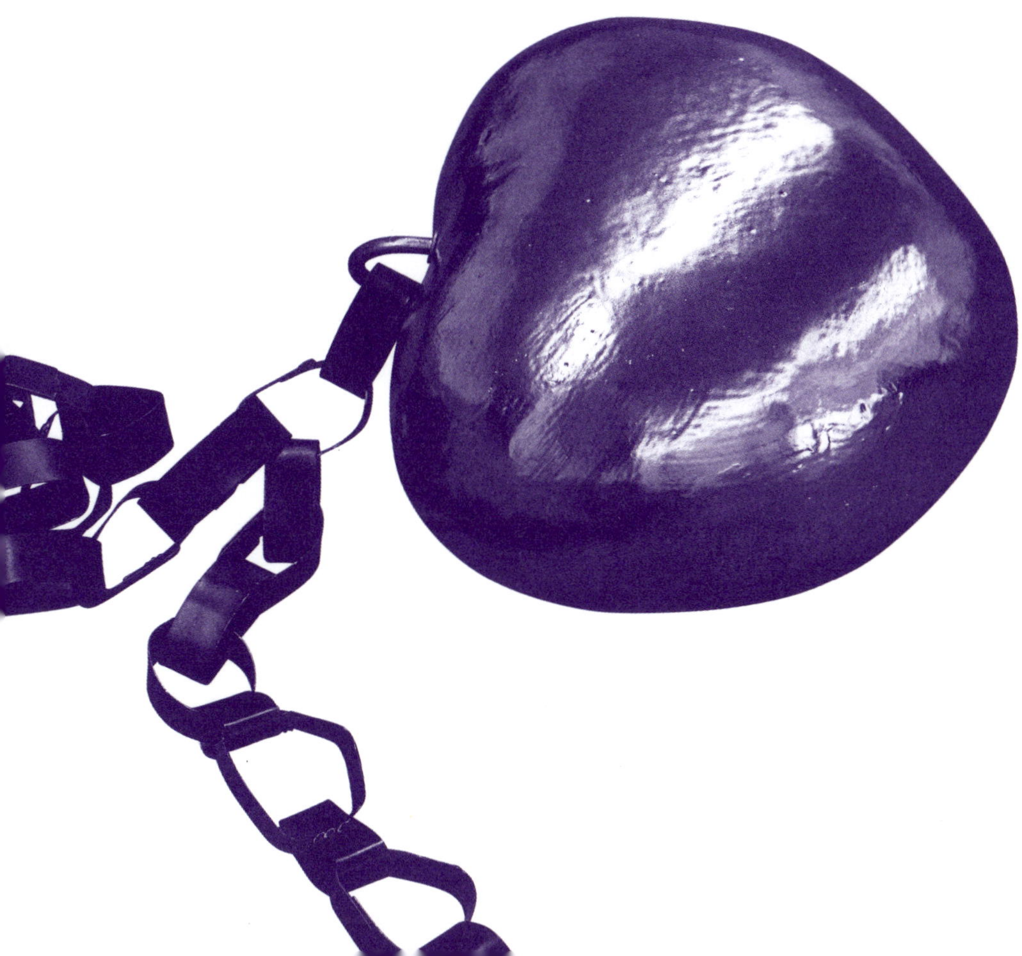

Ein bißchen so wie im Zustand der Schlafparalyse – ebenfalls einem Zwischenraum, in dem man der eigenen Wahrnehmung nicht ganz trauen kann. Man sieht sich selbst, wie aus einer Distanz, beim Schlafen zu, stolpert um das eigene Bett herum, aber kann nicht erwachen - die Glieder so schwer wie Blei, heavy metal. Bleierne Müdigkeit sagt man, umgangssprachlich - und ich denke an das Gewicht eines schlafenden Menschen, der viel schwerer ist als einer, der wach ist.

Ein „Hypersomniac", so lerne ich, ist, im Gegenteil zum „Insomniac", eine Person, die zu viel schläft, statt zu wenig. Bei Lisa Seebach ist es eher eine taumelnde Bewegungsform, die wir uns als Betrachter:innen aneignen. Ein paralysiertes Tappen im Halbschatten, im Schwellenraum zwischen dem Definierten und dem Undefinierten. Immer wieder schälen sich Formen aus dem Diffusen, oder Linien, Volumen, positiver und negativer Raum wird definiert und verliert sich erneut. Immer wieder leuchtet, glitzert oder schillert etwas. Es ist ein ongoing Hide and Seek Game. (Nicht) sehen und (nicht) gesehen werden.

Gegenstände werden zu Chamäleons, passen sich der eigenen Wahrnehmung an und verändern sich mit ihr. Sie werden, im besten Sinne, instabil. Shapeshifters. Der Erkenntnisprozess dauert an – unendlich.

EN

sculptures, which seem to spread out in all directions and sometimes, on closer inspection, shyly withdraw again.

A bit like being in a state of sleep paralysis – also an in-between space in which you can't quite trust your own perception. You watch yourself sleep, in deep fatigue, as if from a distance, stumbling around your own bed but unable to wake up – your limbs as heavy as lead, heavy metal. I think of the weight of a sleeping person who is much heavier than someone who is awake.

A "hypersomniac, I learn, is, in contrast to an "insomniac", a person who sleeps too much instead of too little. In Lisa Seebach's work, it is more of a staggering form of movement that we as viewers adopt. A paralyzed tapping in the half-shadow, in the threshold space between the defined and the undefined. Again and again, forms emerge from the diffuse, or lines, volumes, positive and negative space are defined and lost in the process. Again and again something shines, glitters or shimmers. It is an ongoing hide and seek game. (Not) seeing and (not) being seen.

Objects become chameleons, adapting to our own perception and changing with it. They become, in the best sense, unstable. Shapeshifters. The process of recognition continues – infinitely.

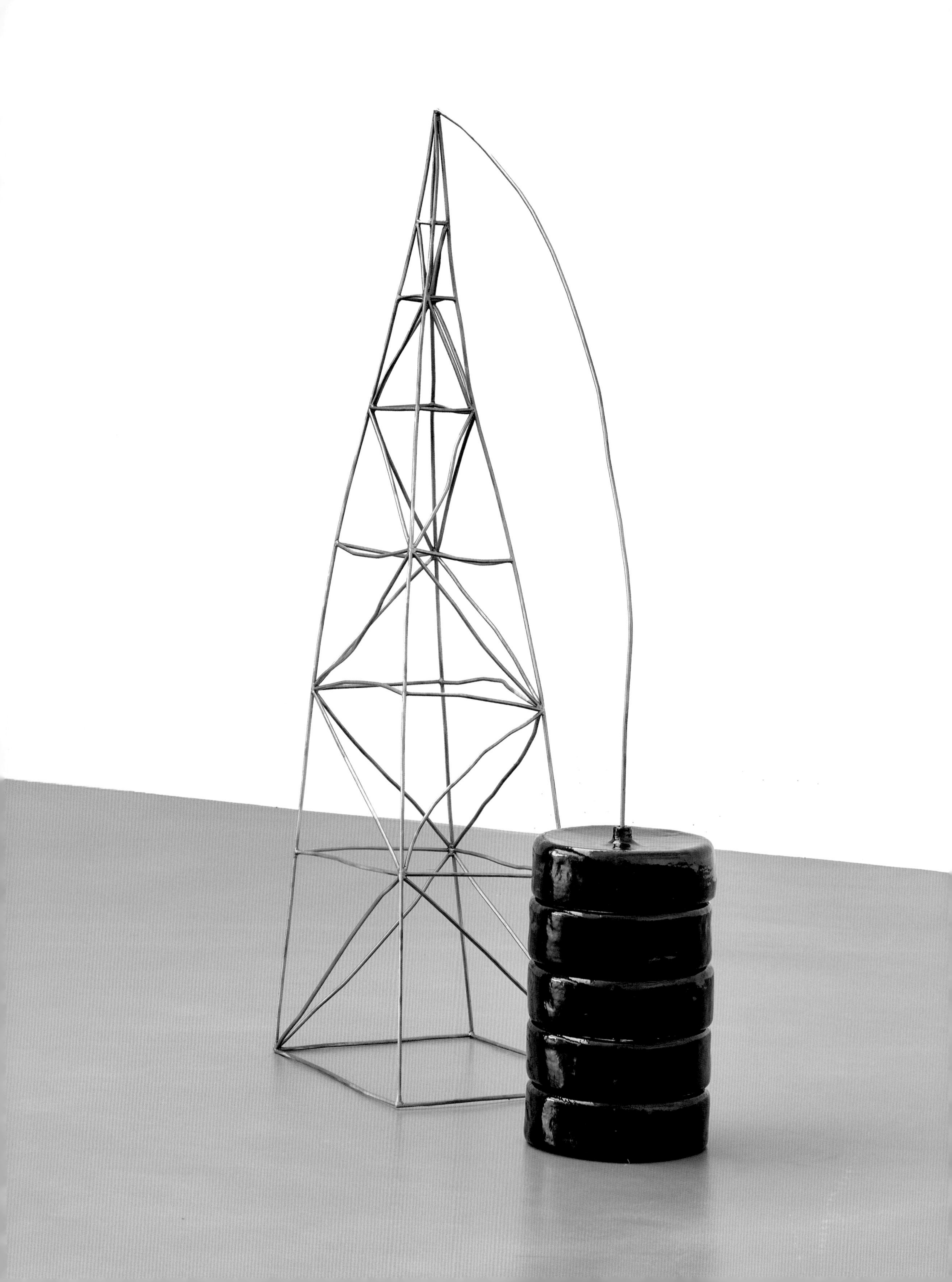

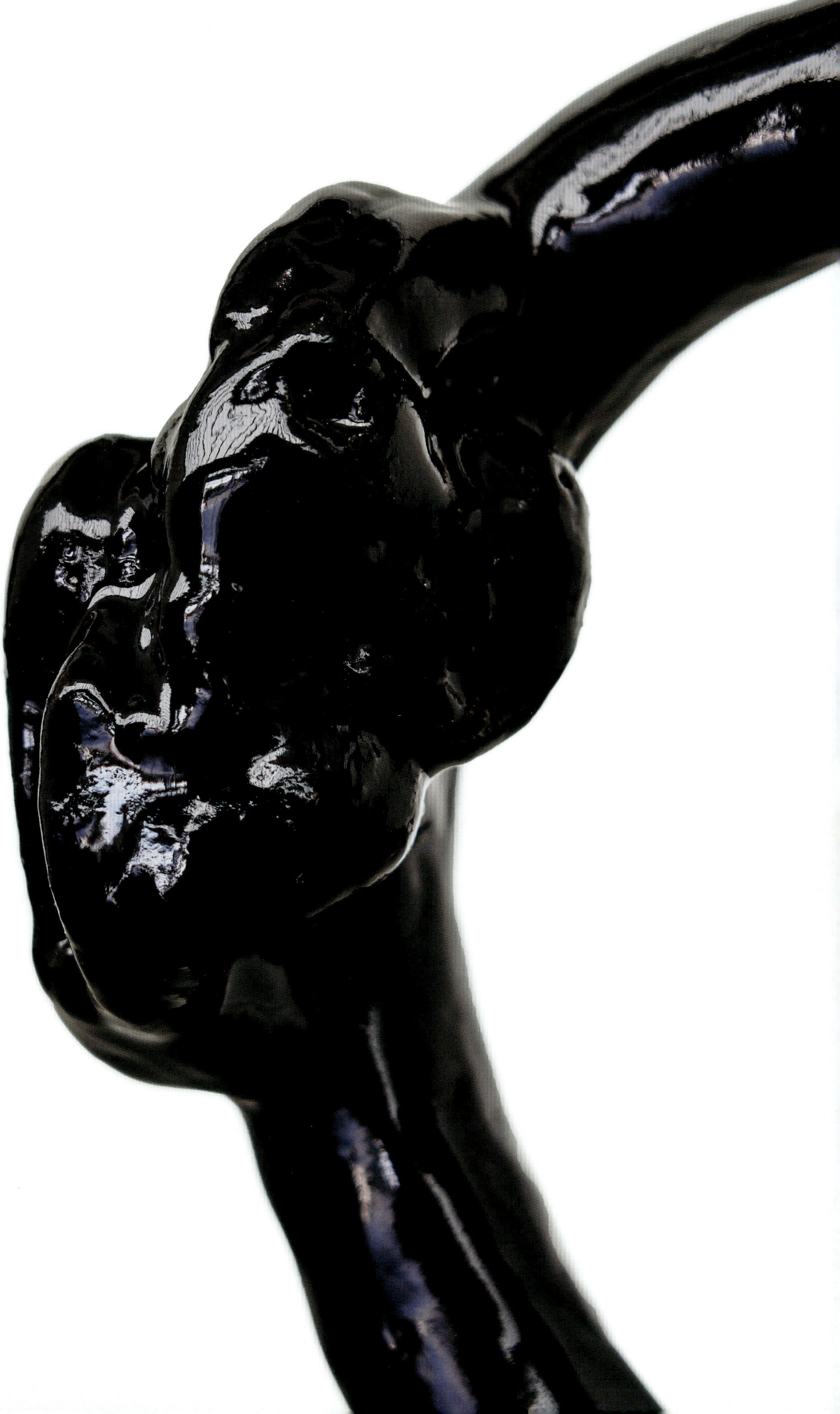

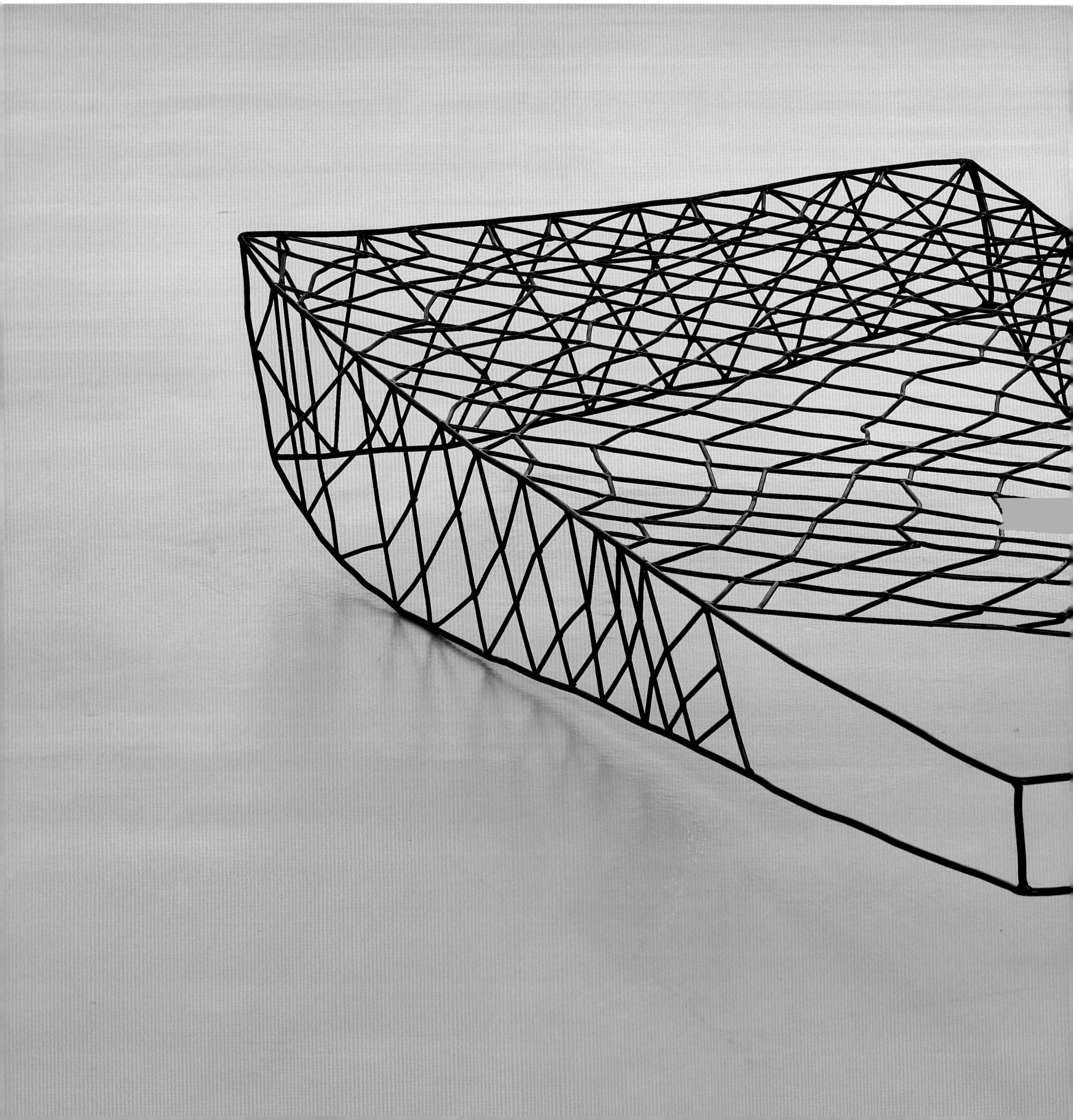

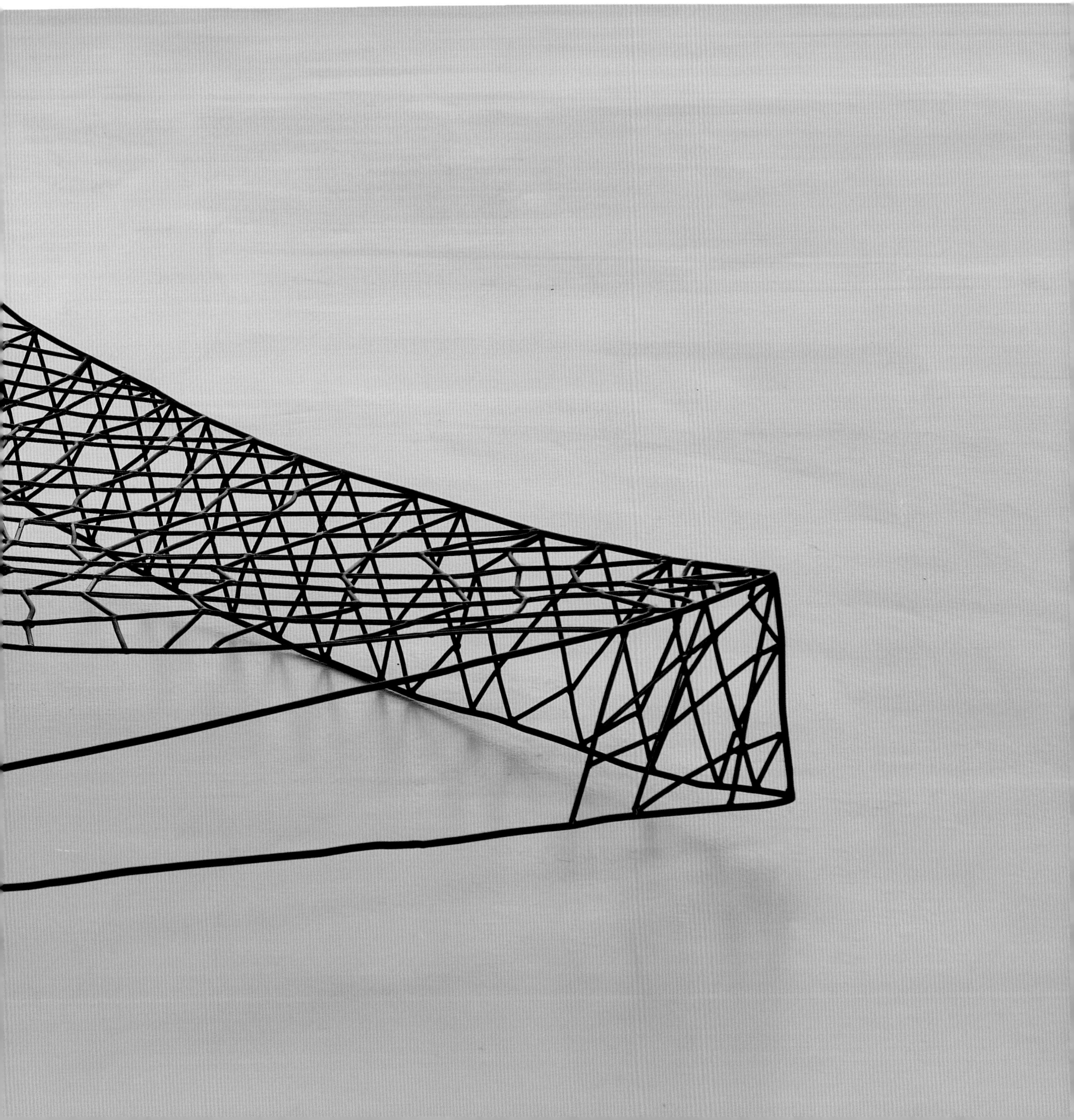

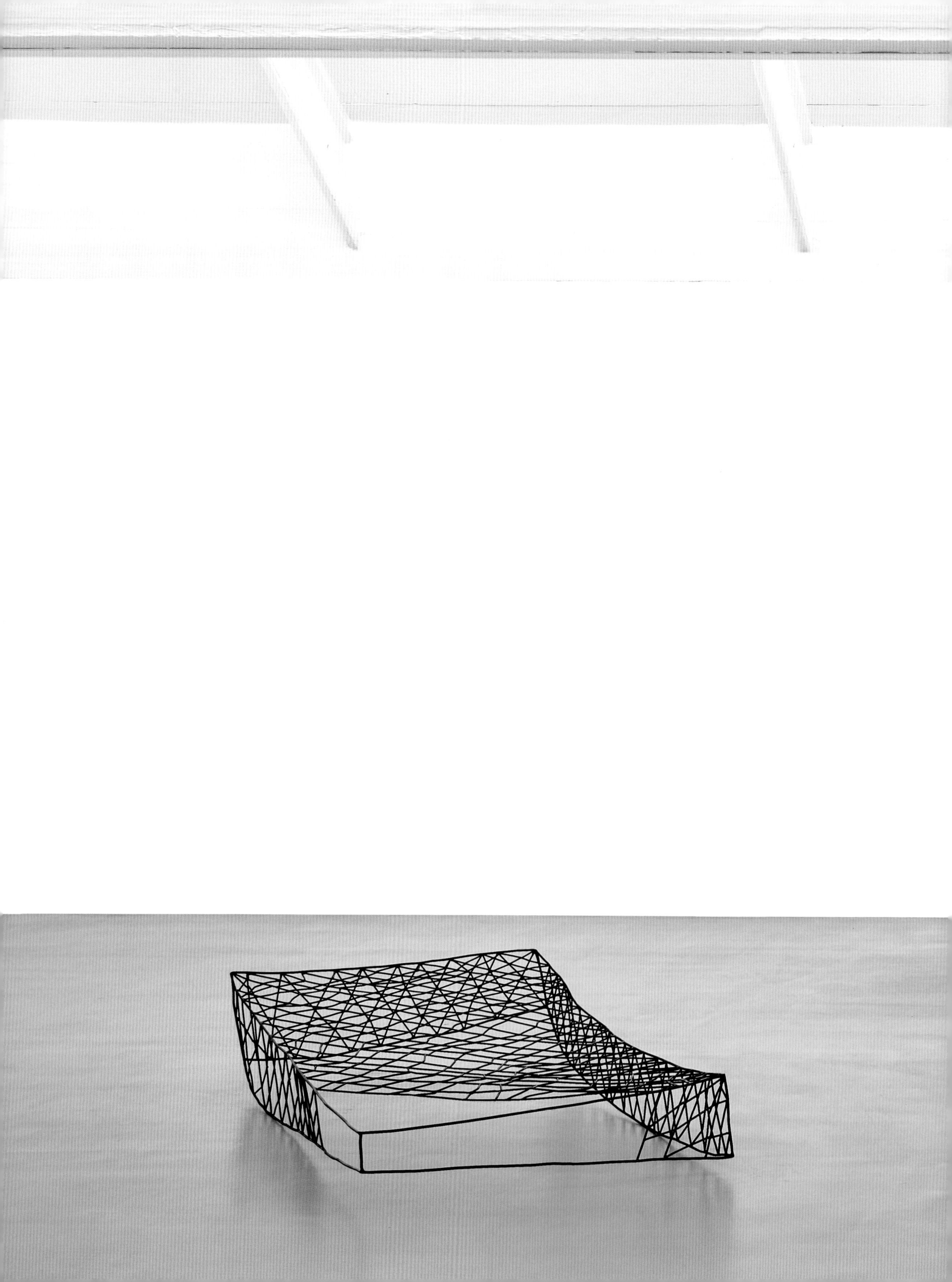

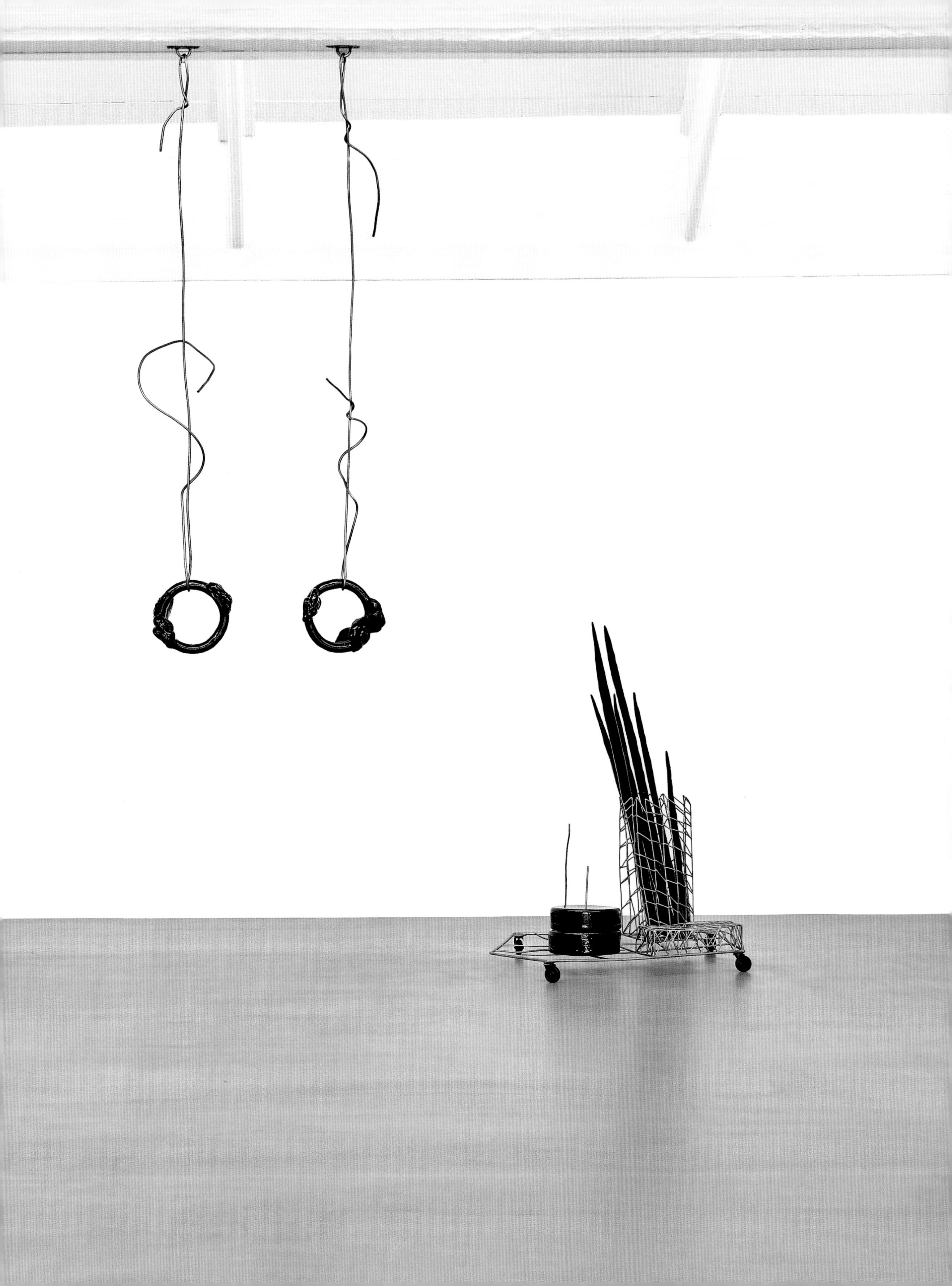

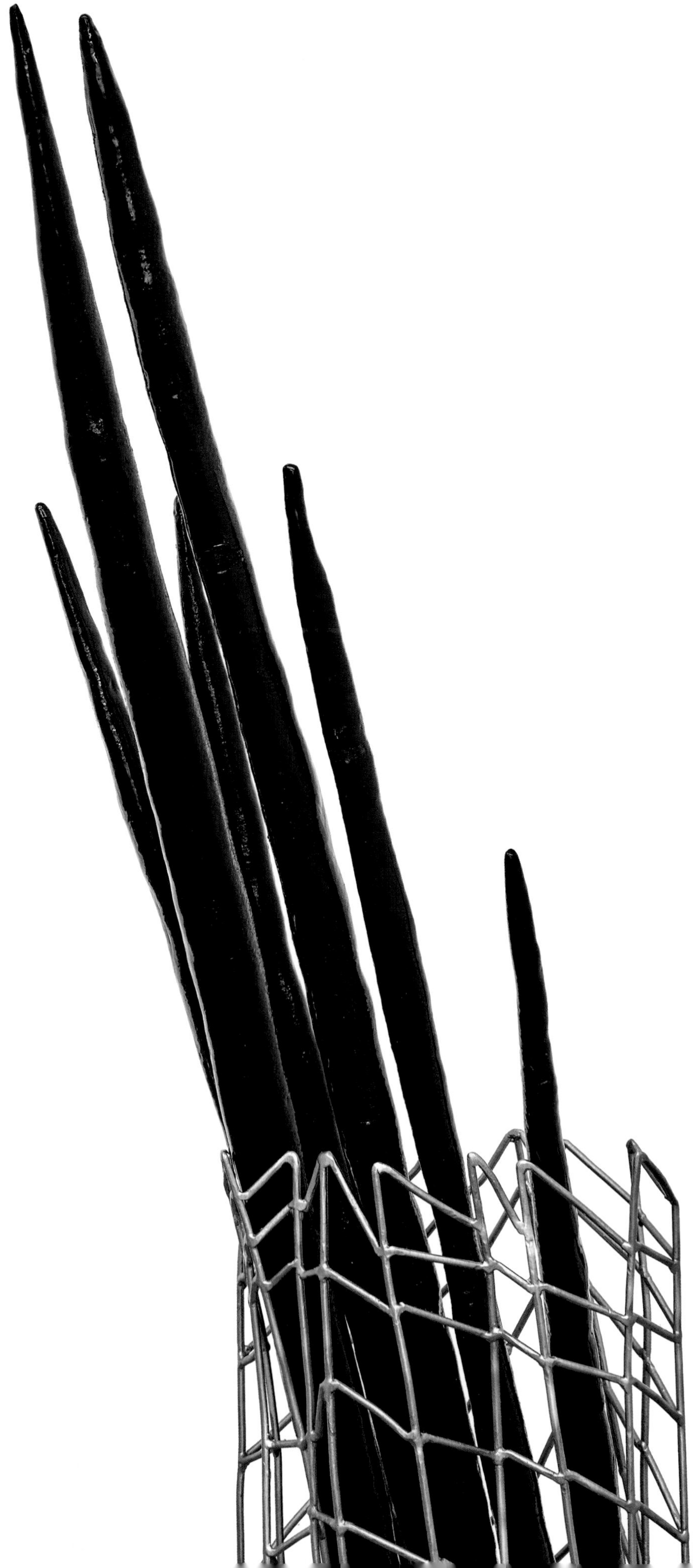

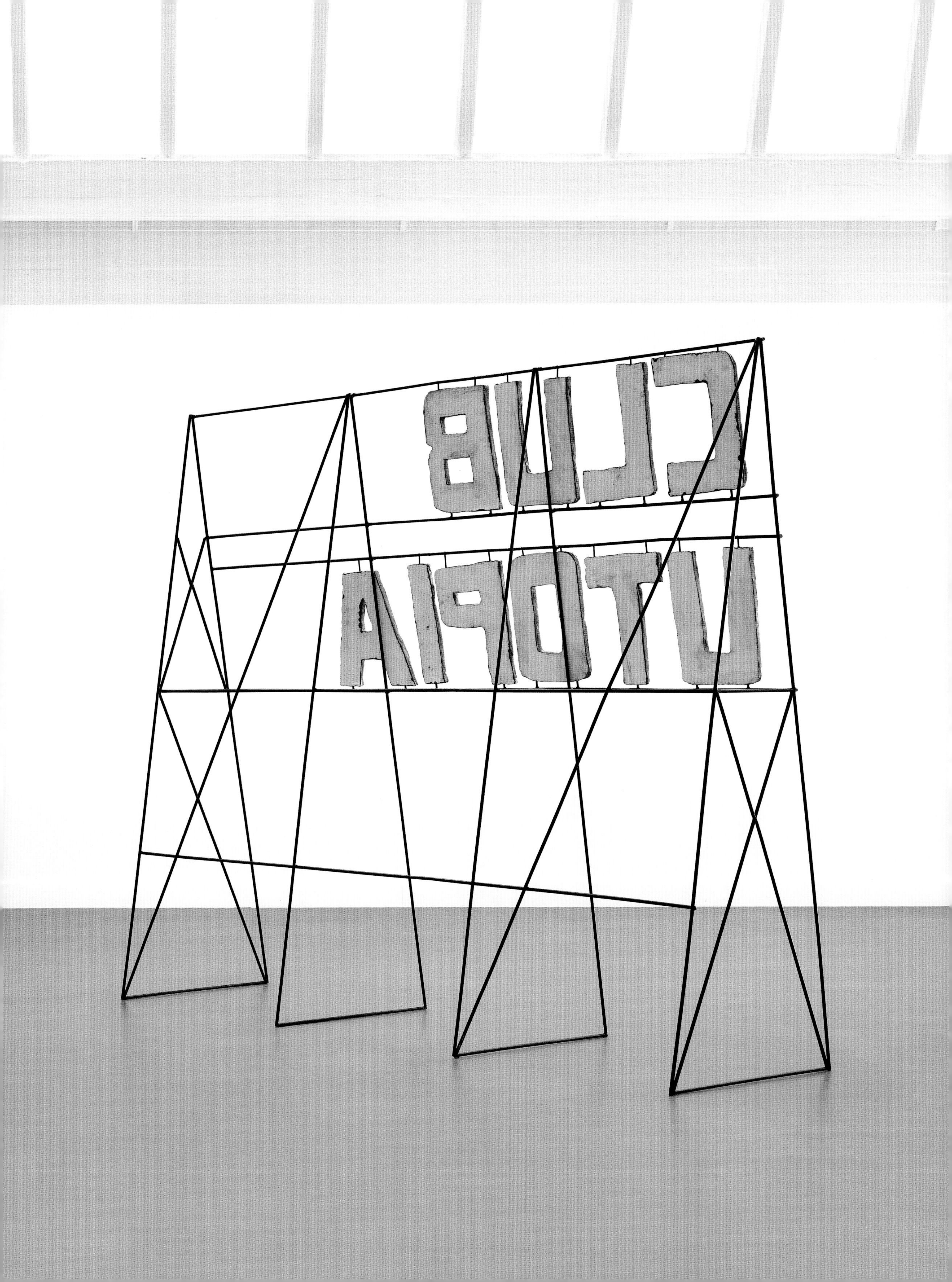
CLUB
UTOPIA

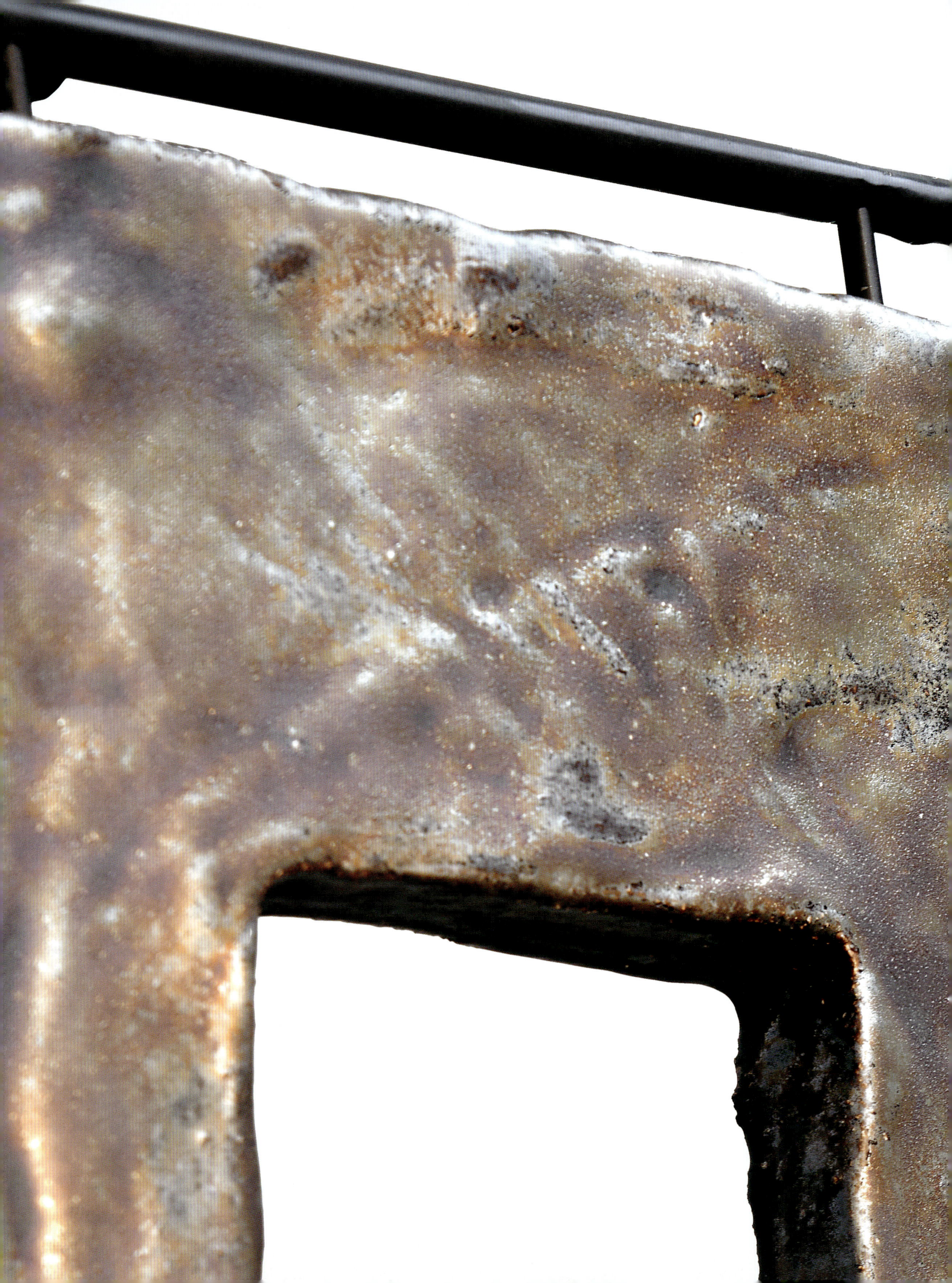

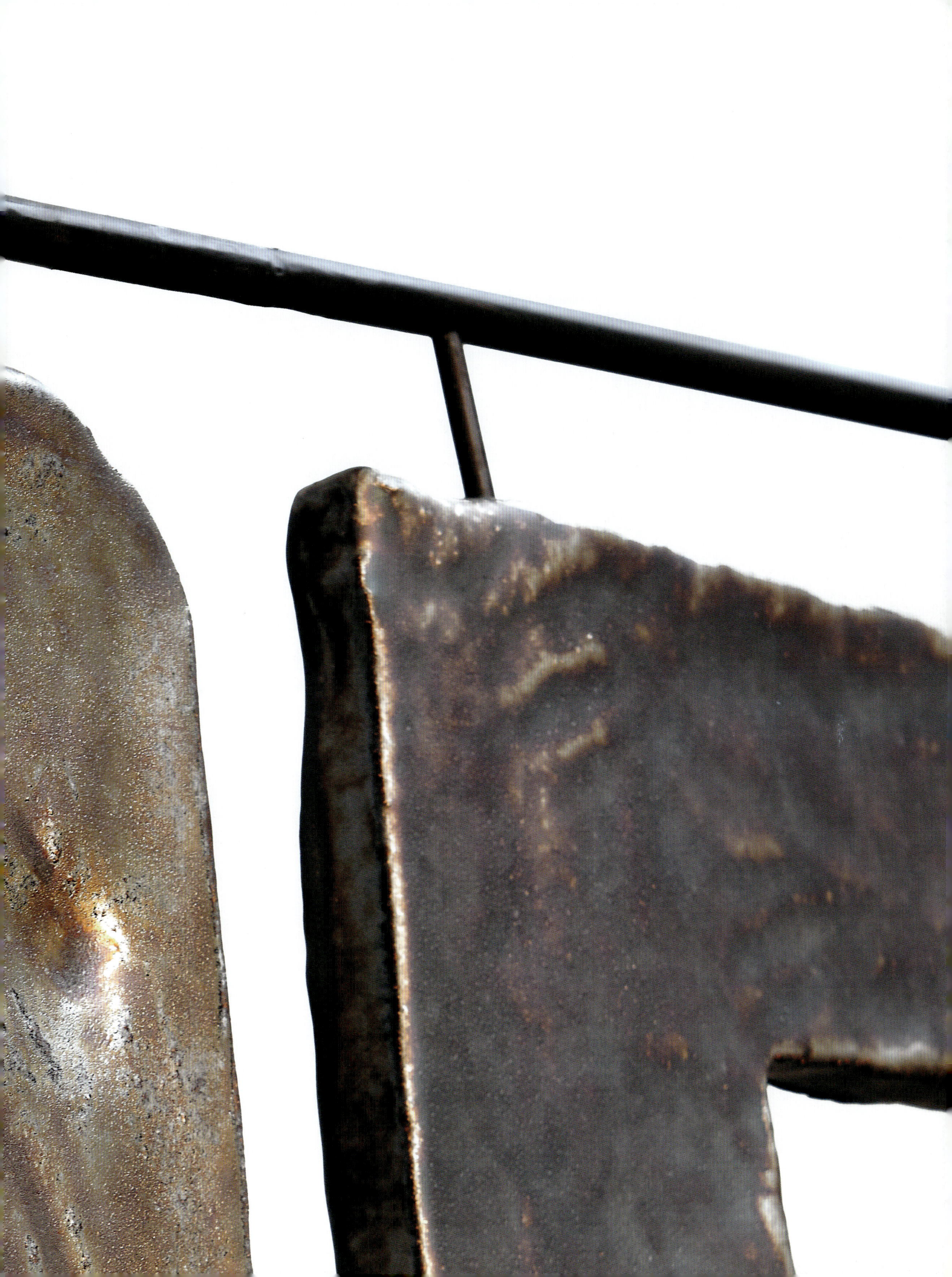

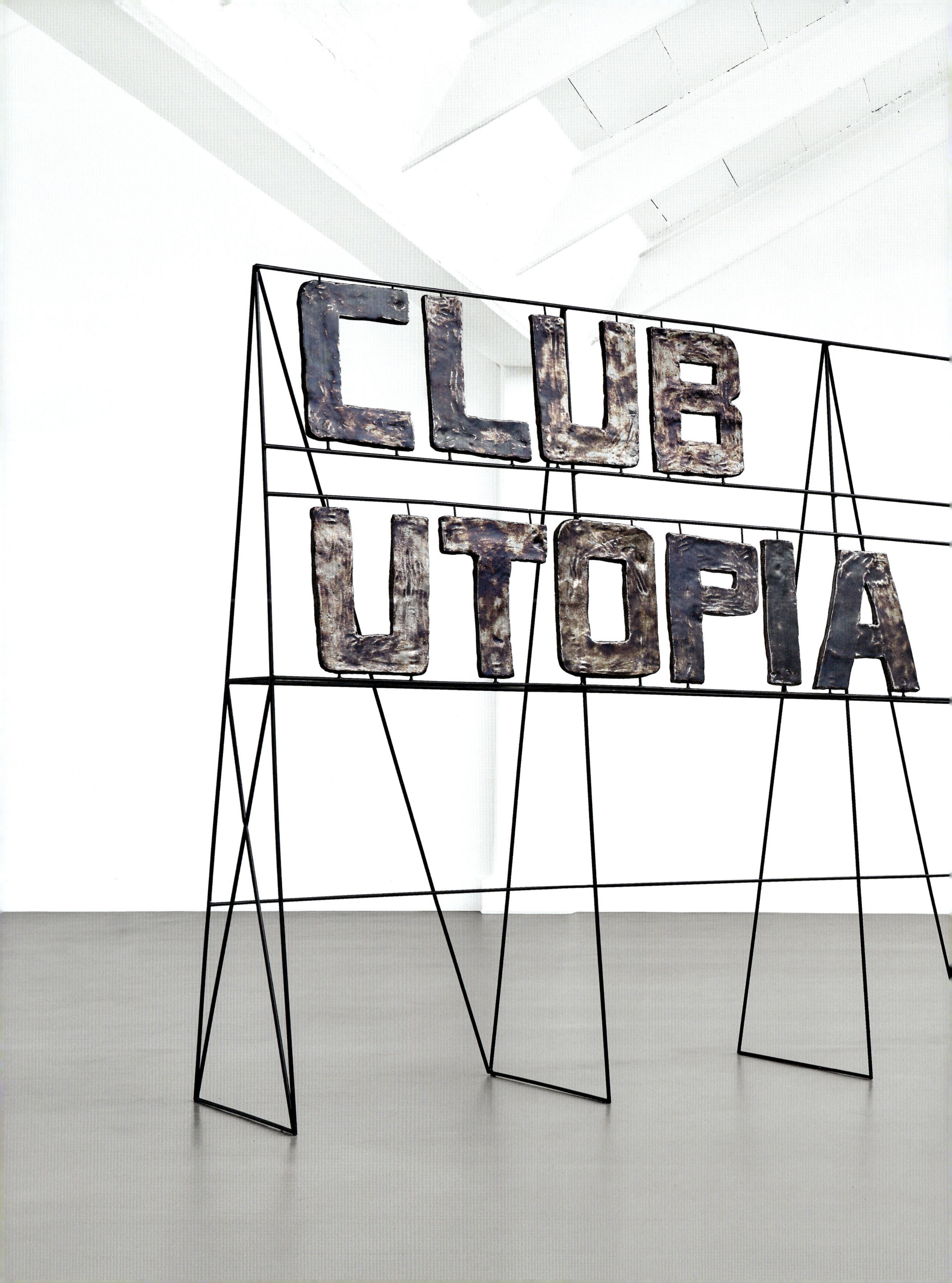
CLUB
UTOPIA

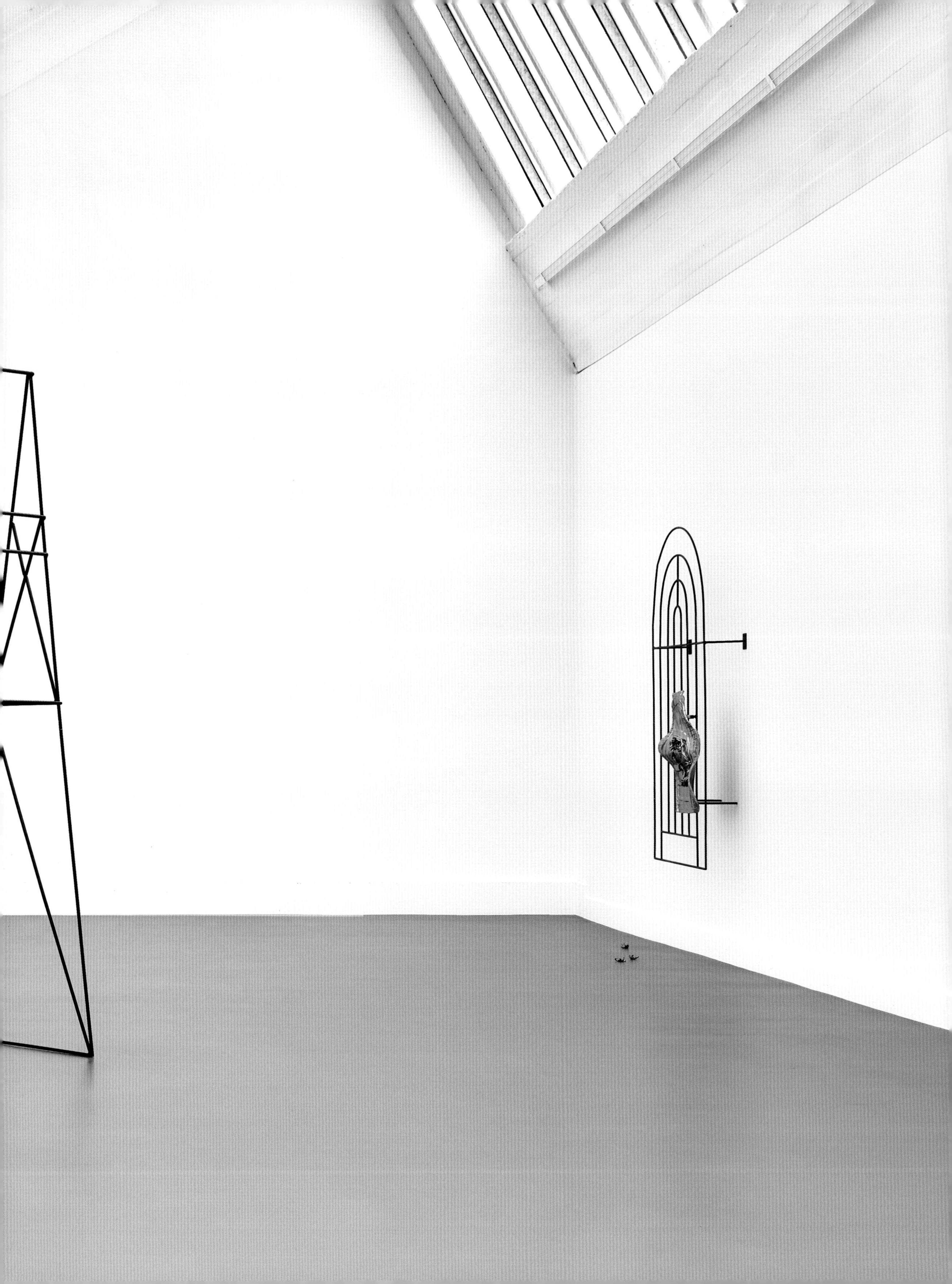

[68]

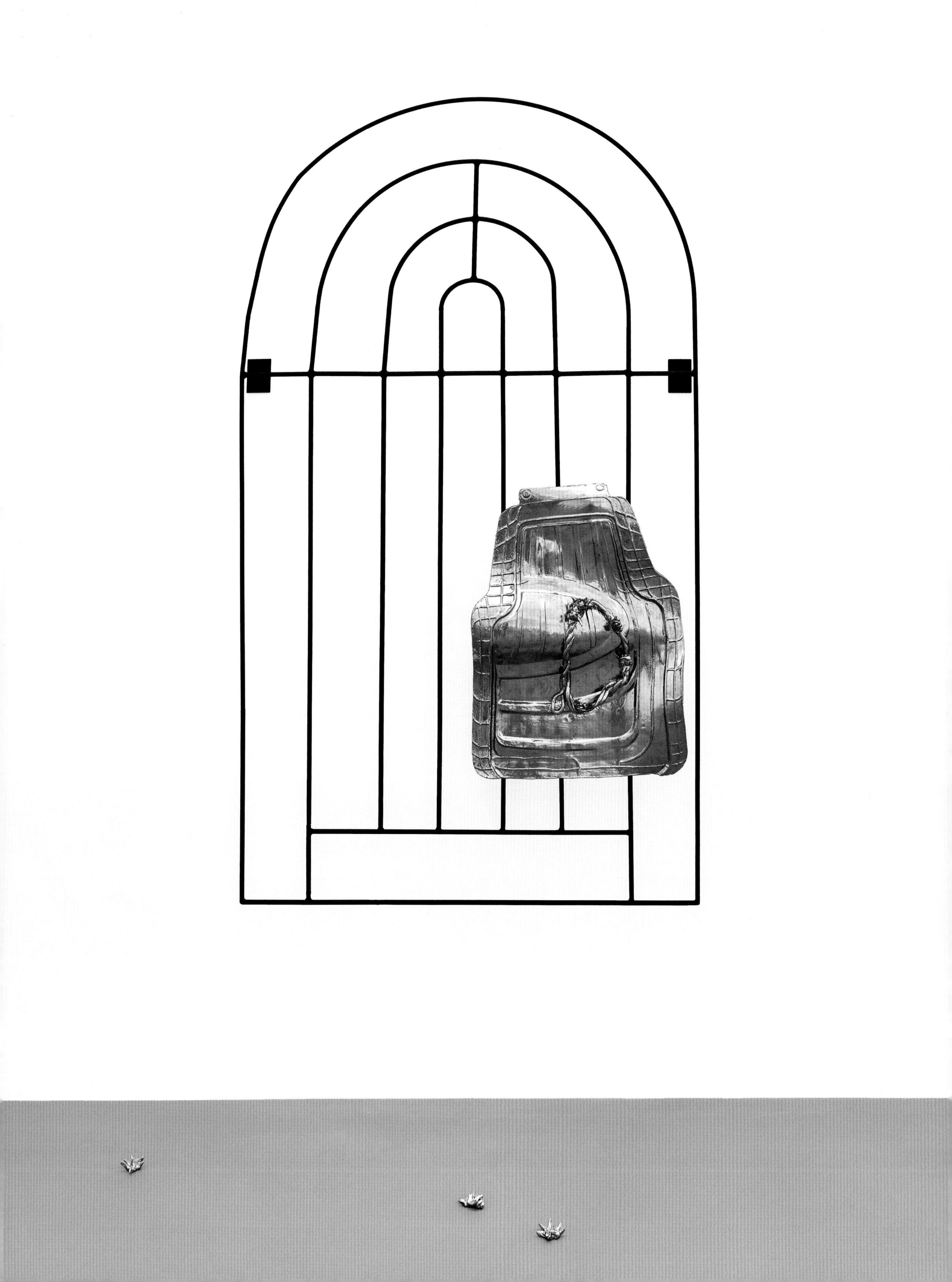

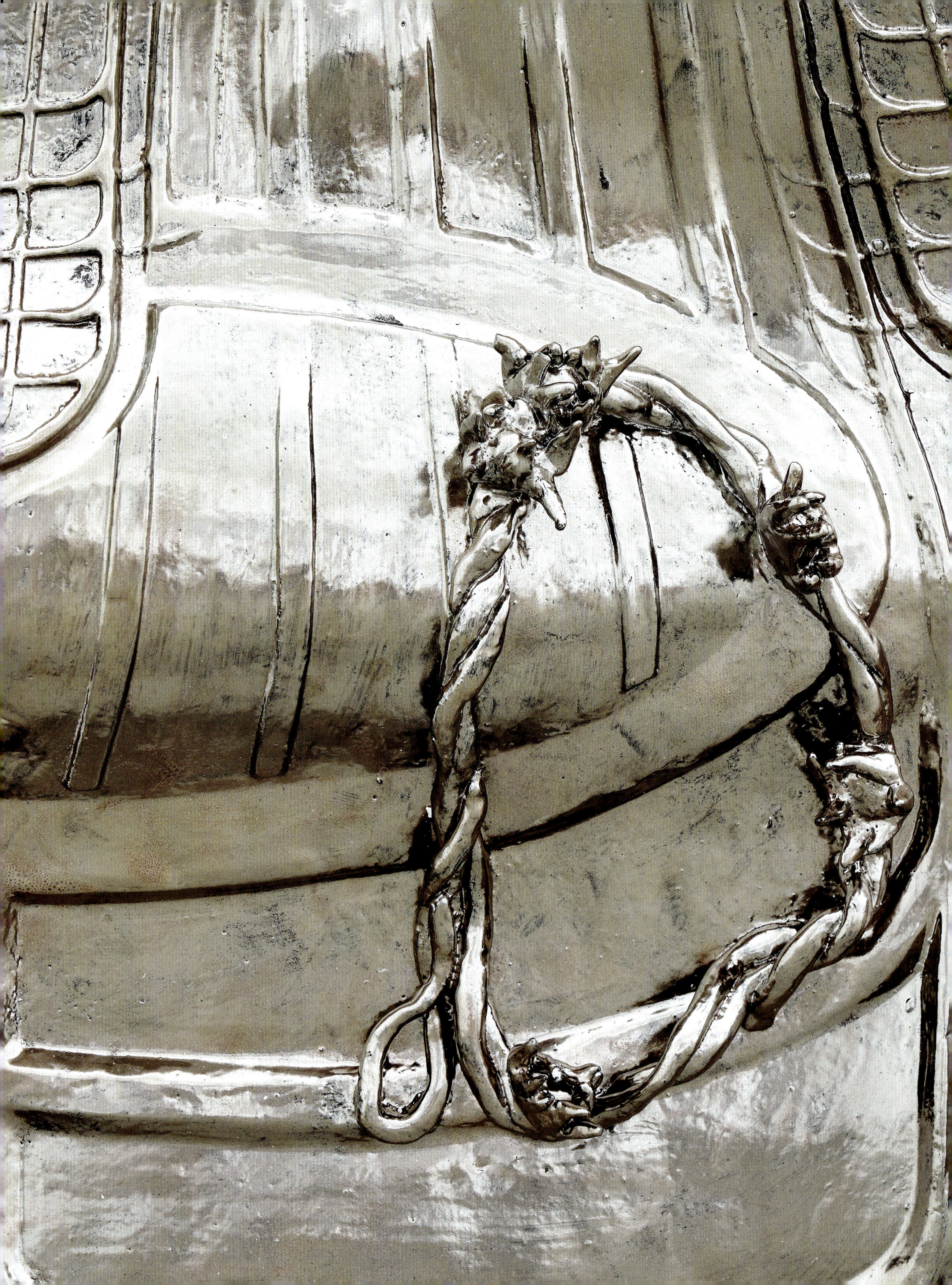

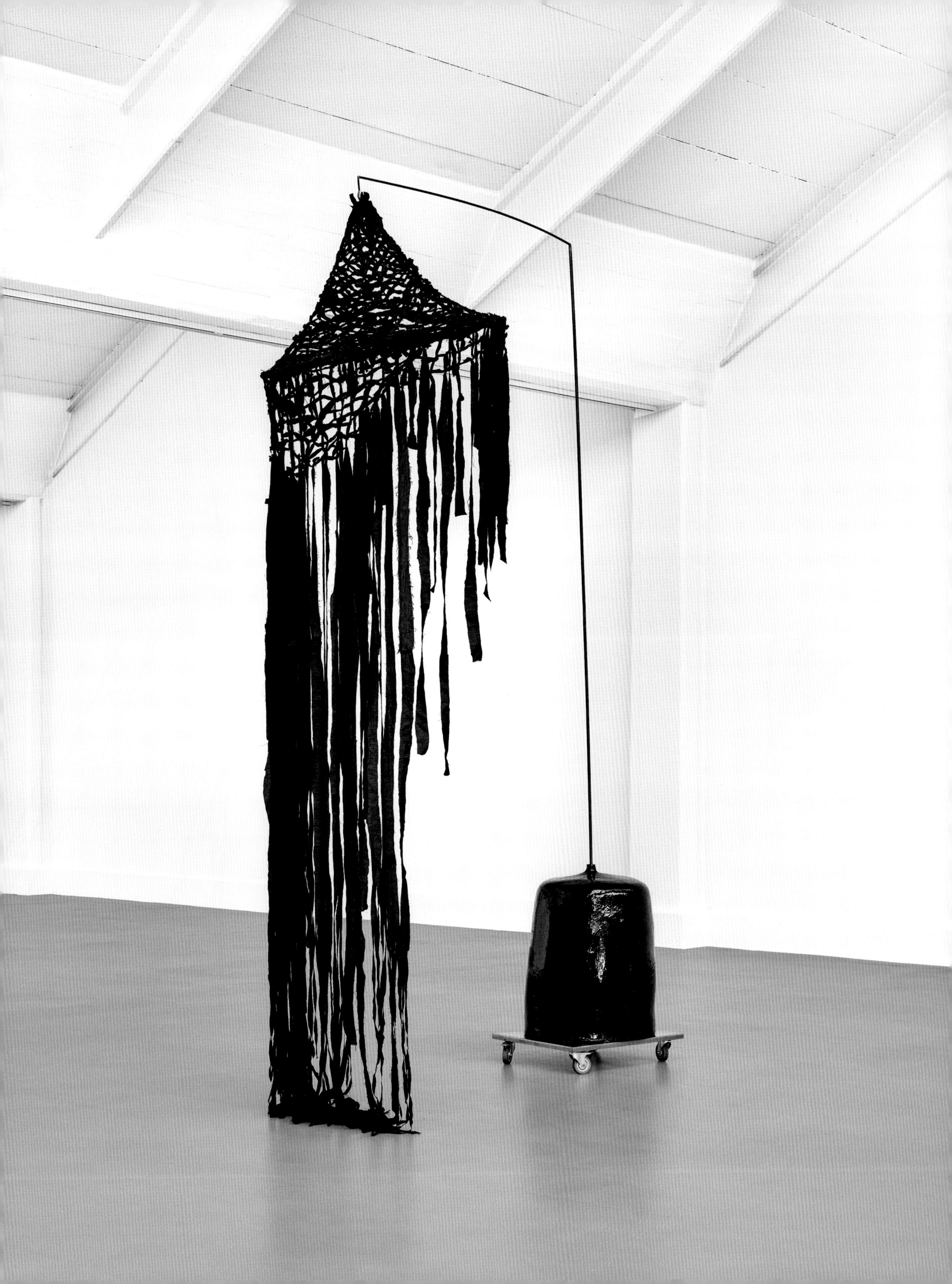

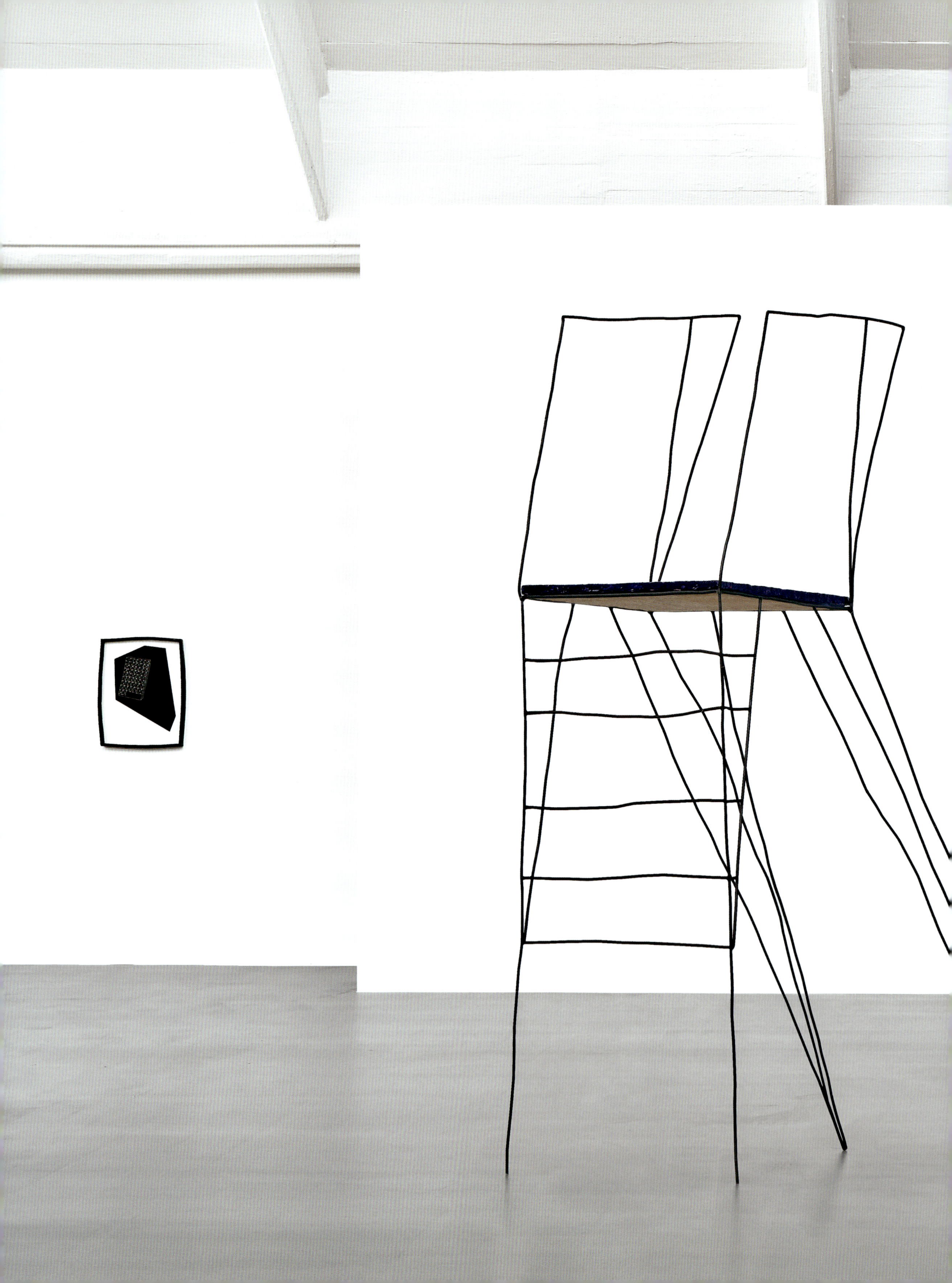

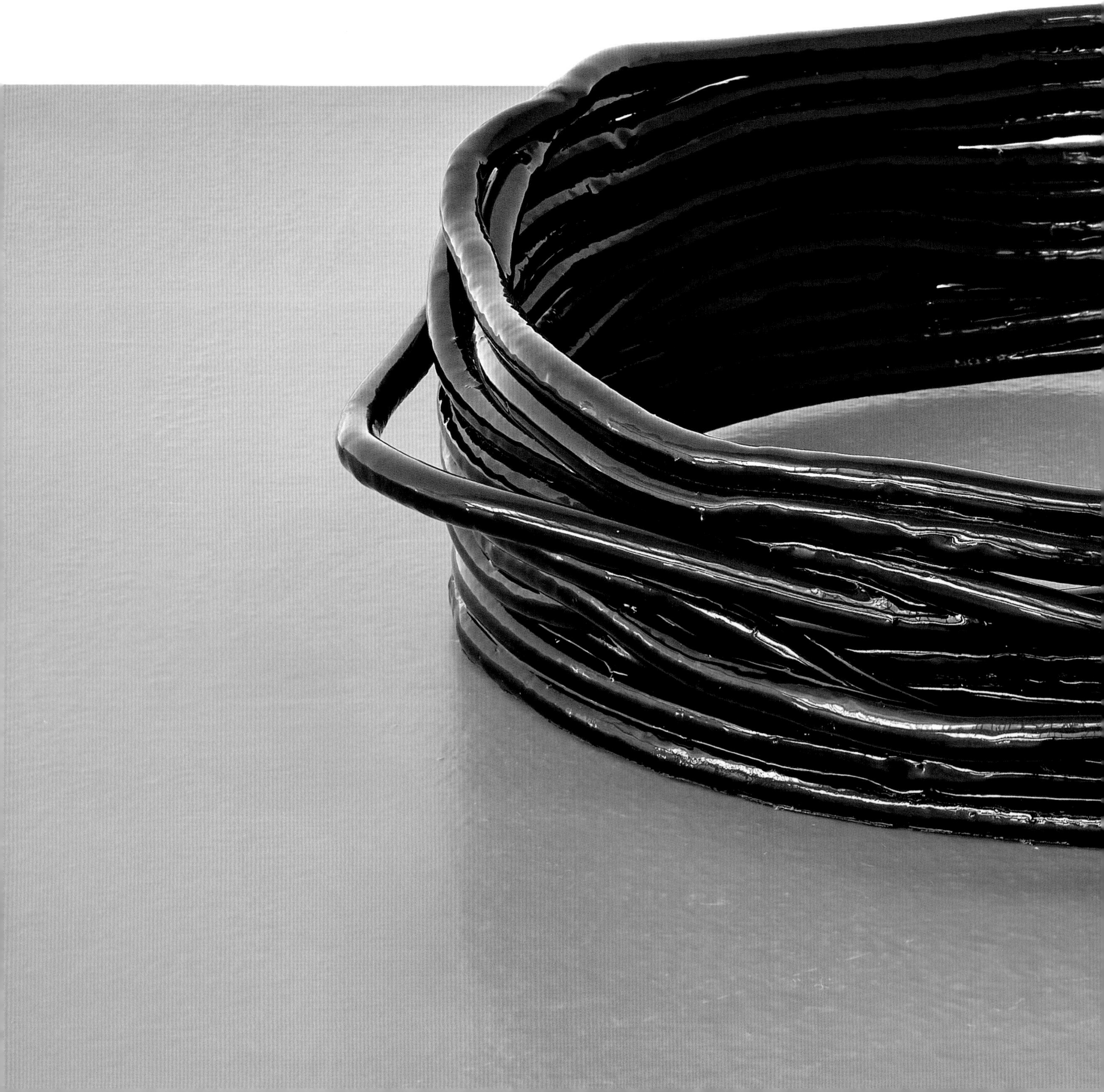

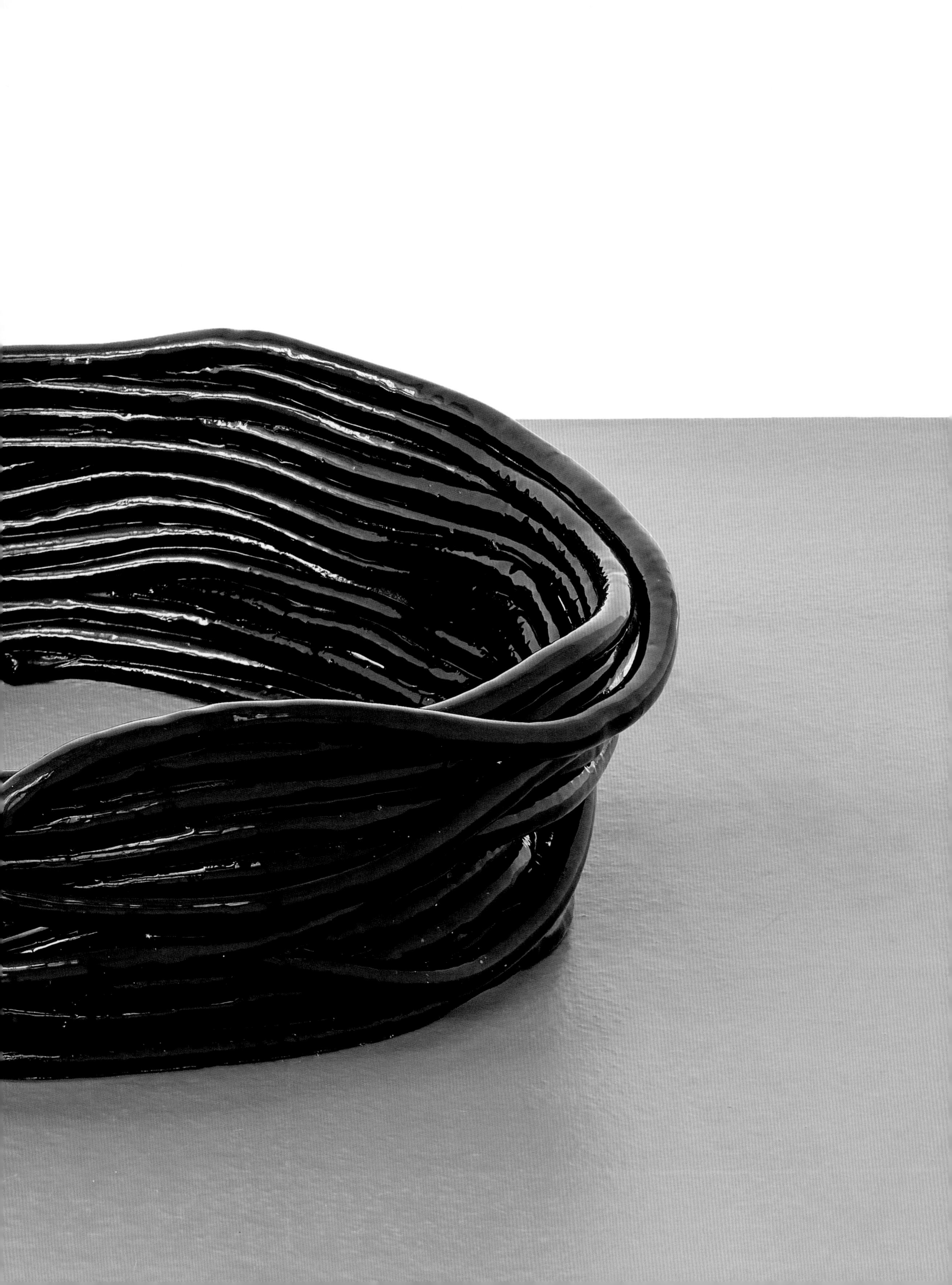

[78]

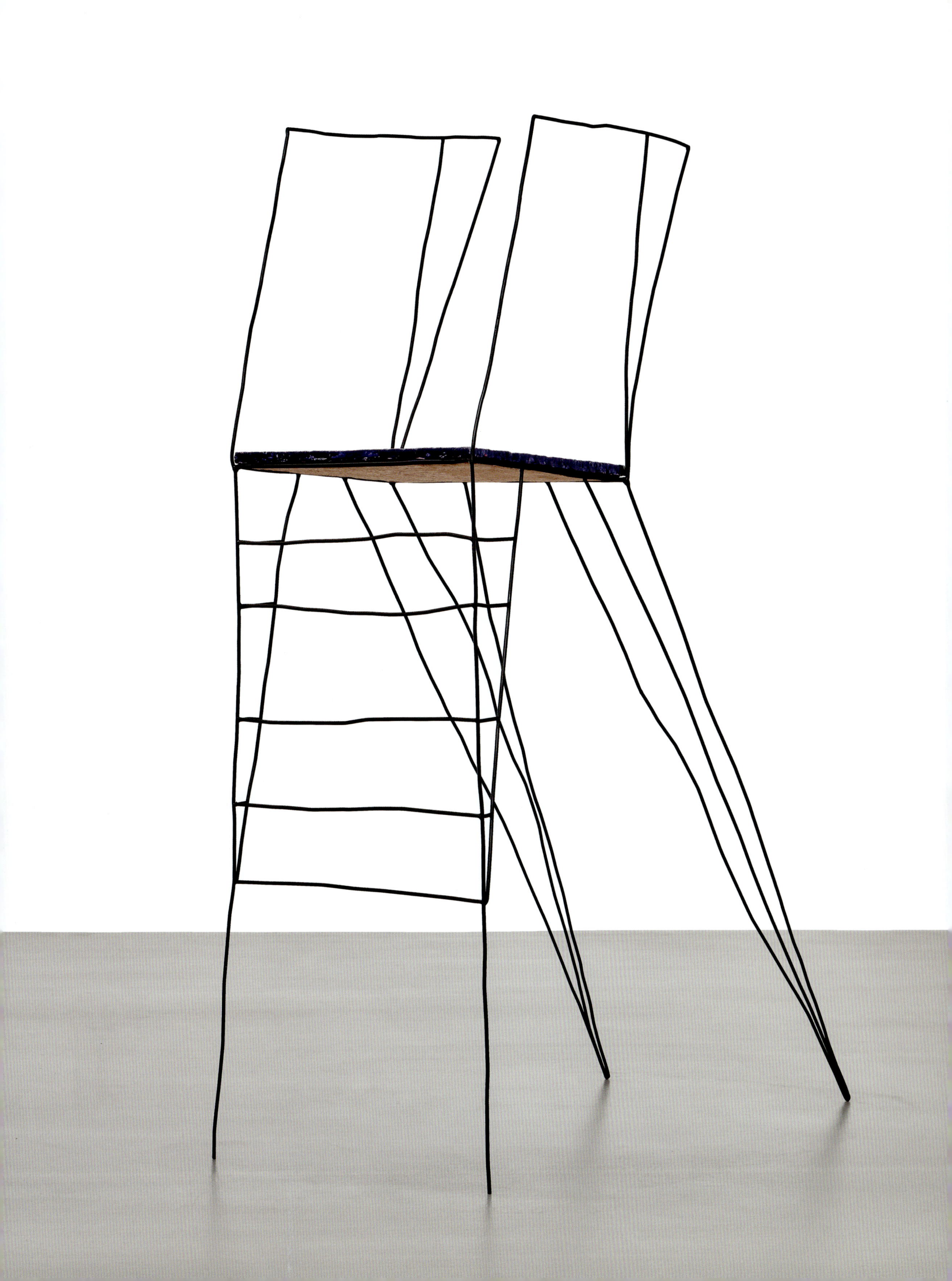

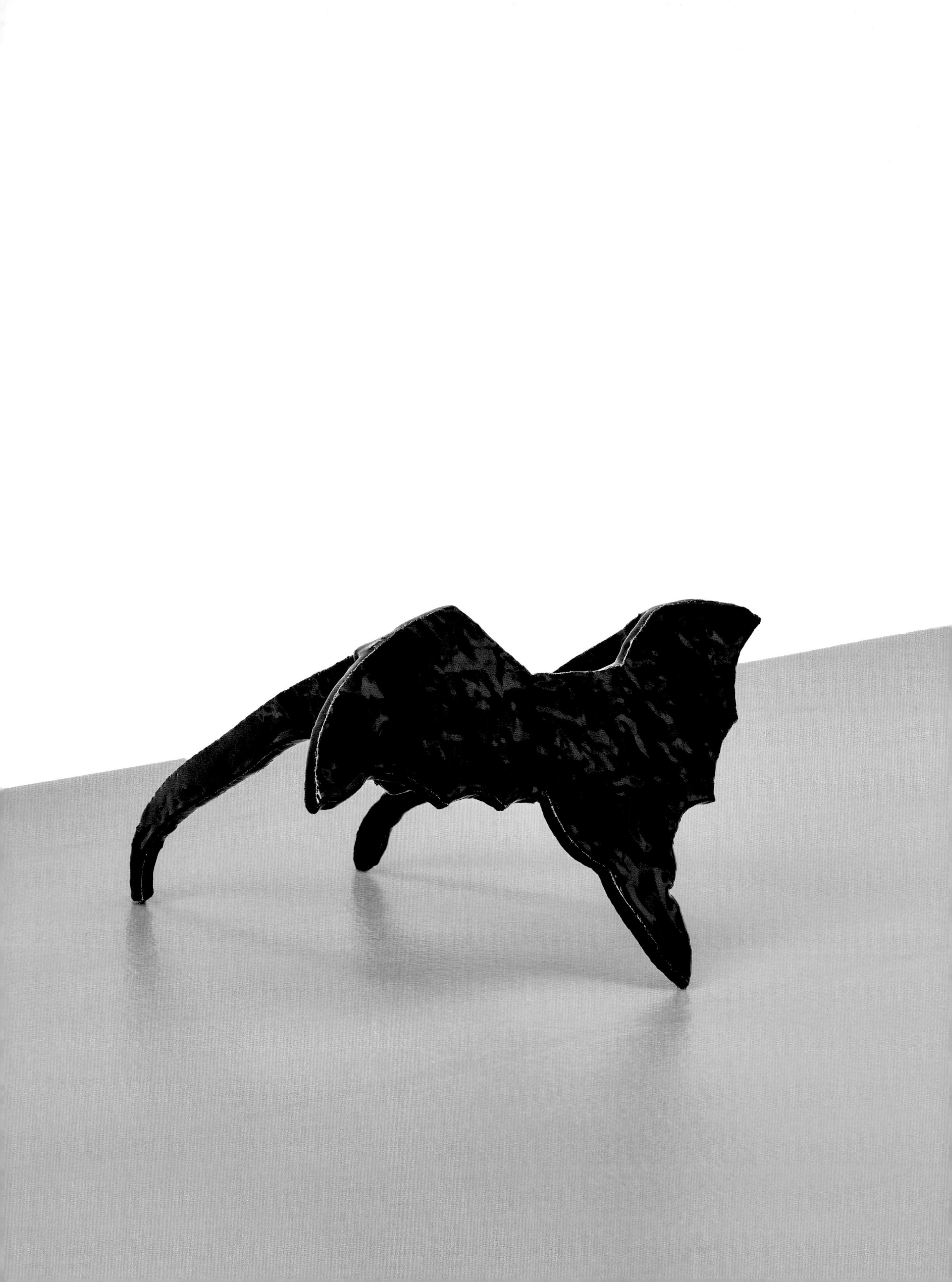

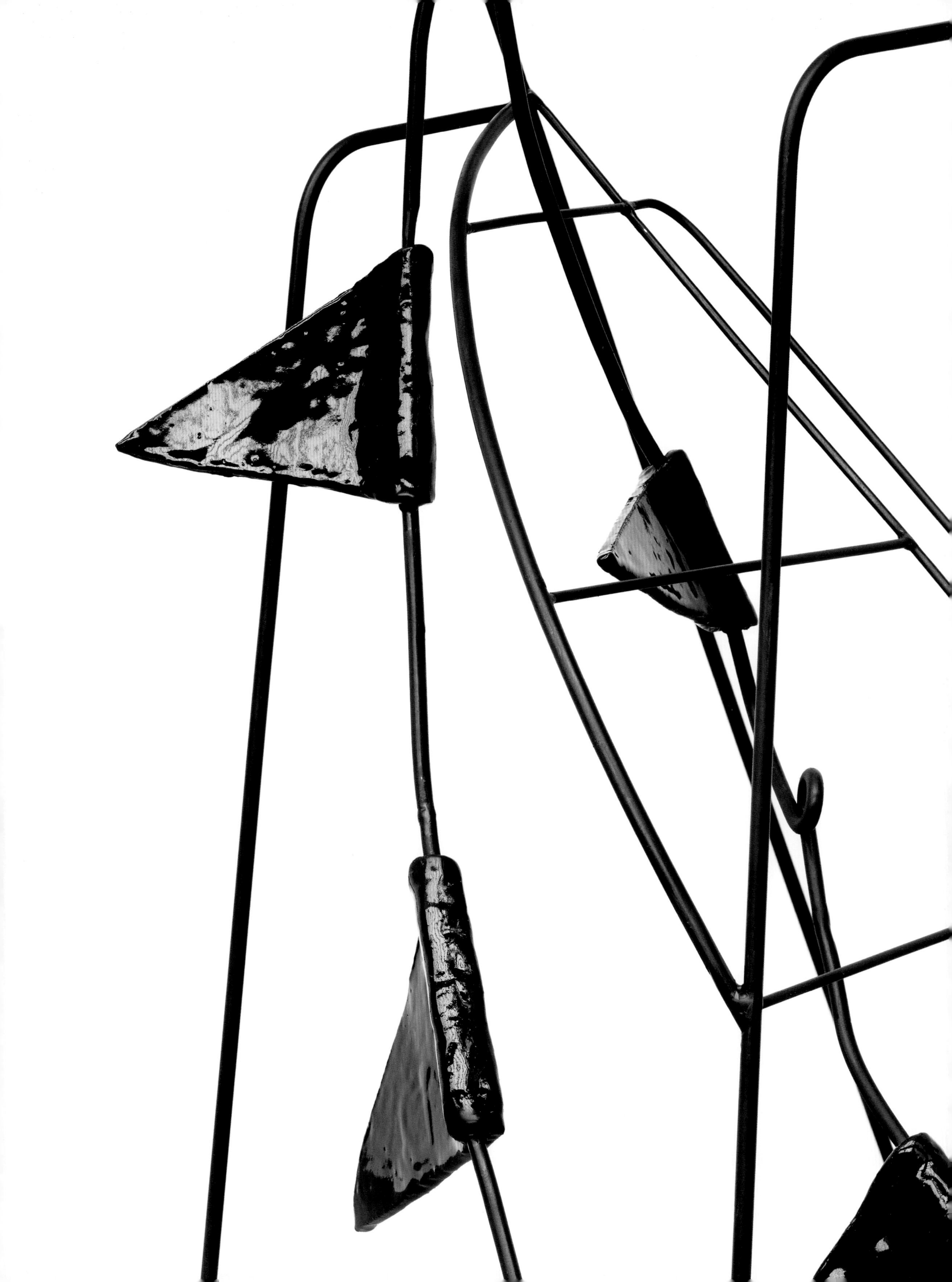

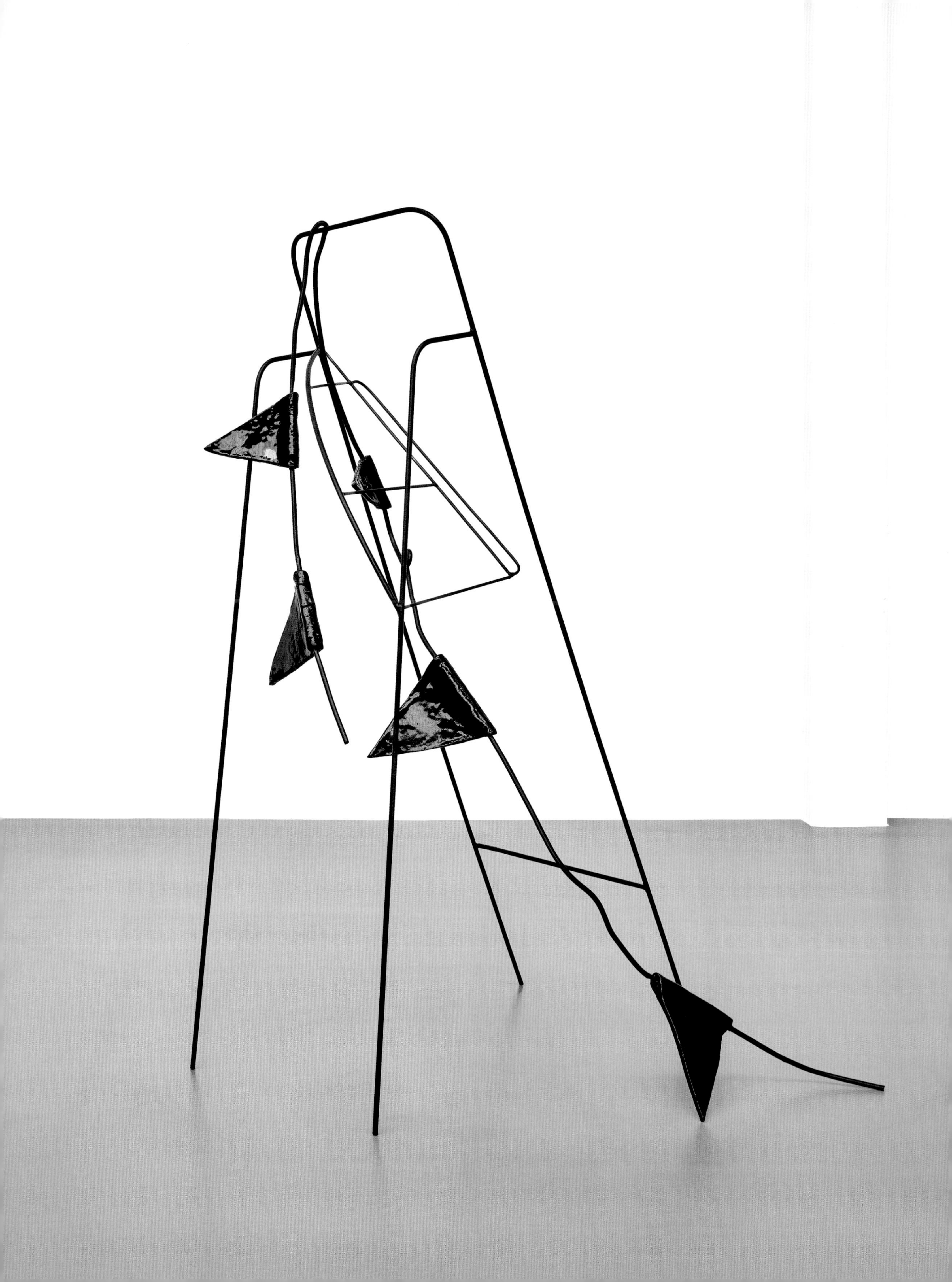

[84]

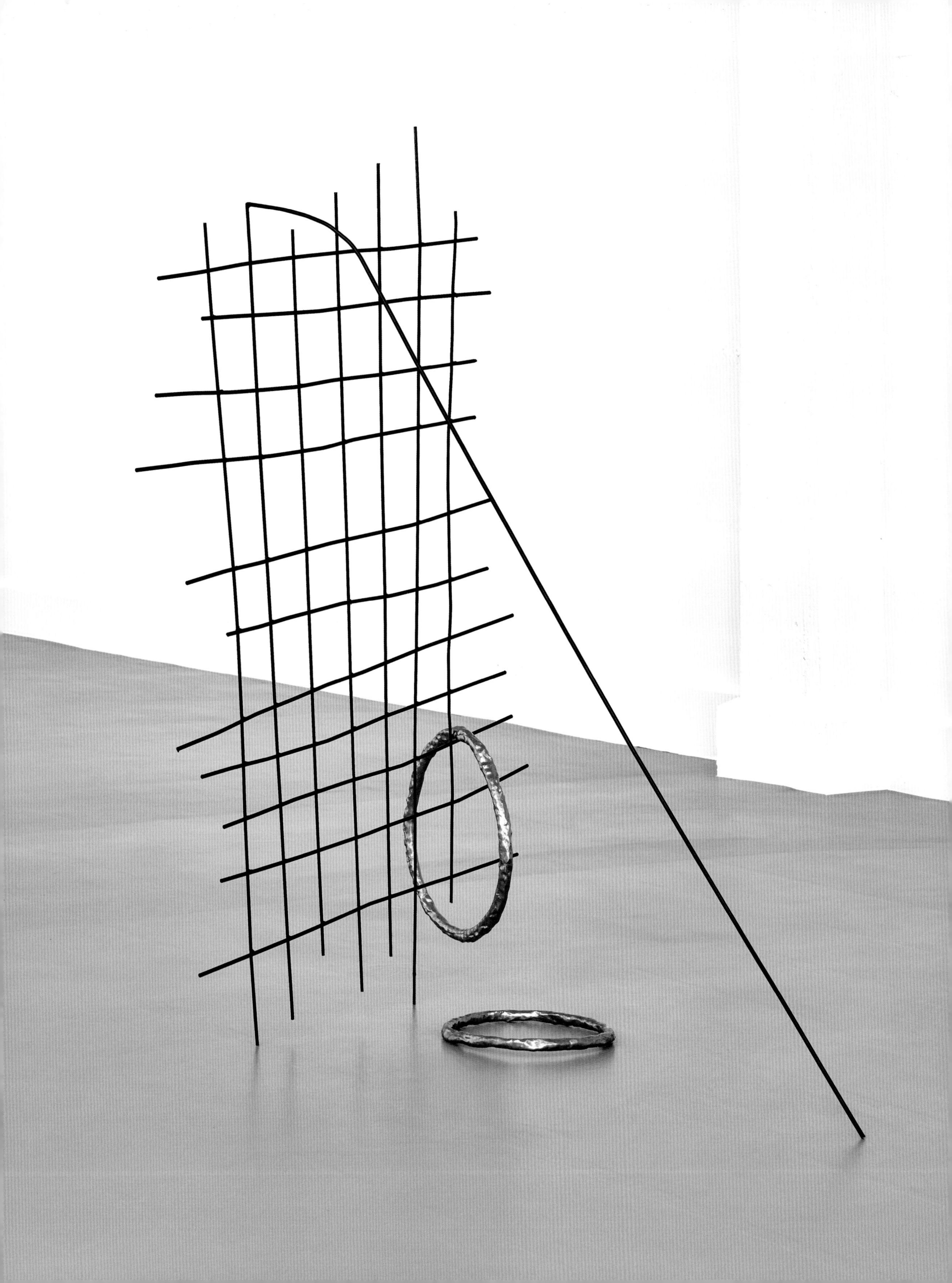

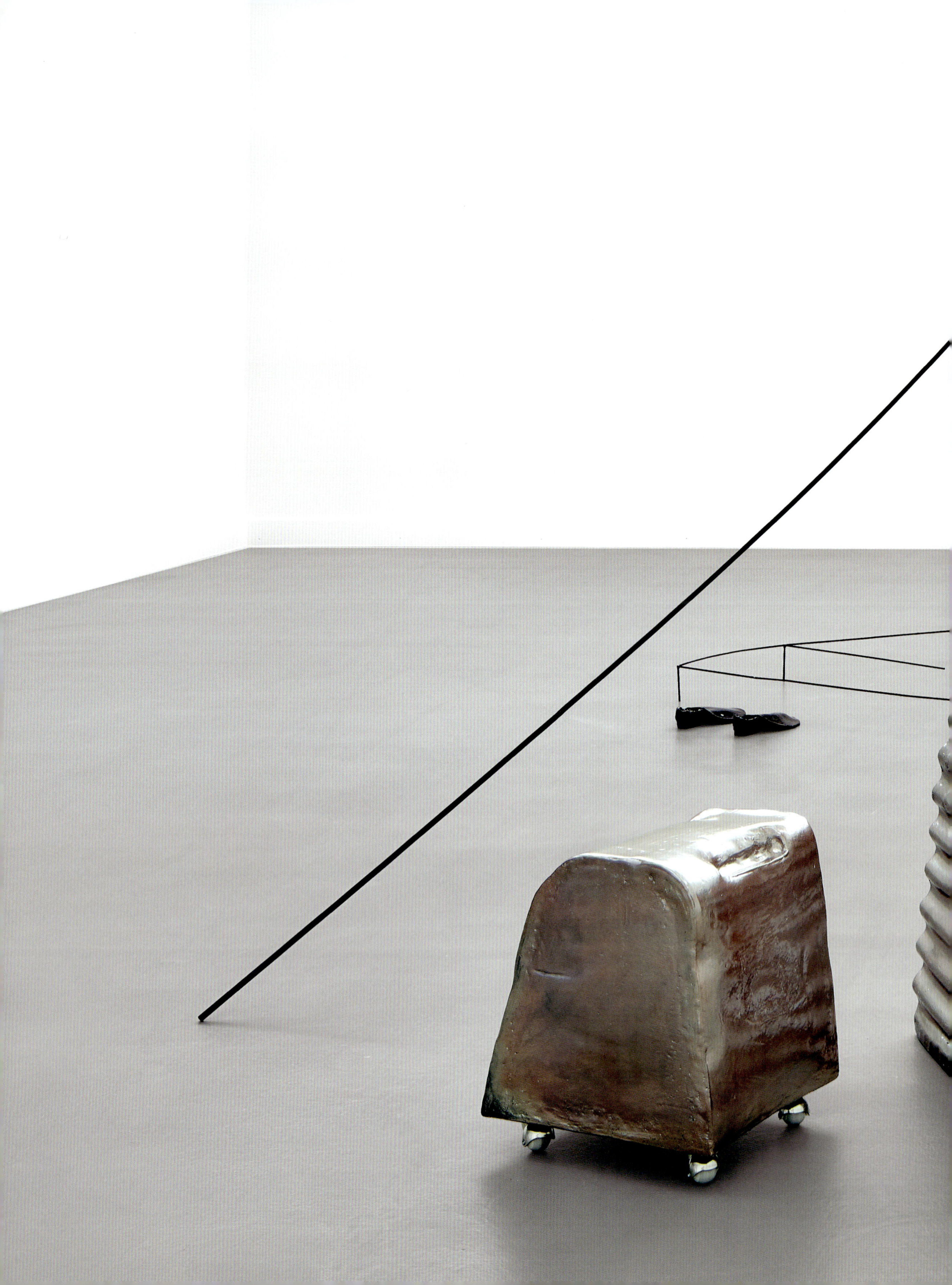

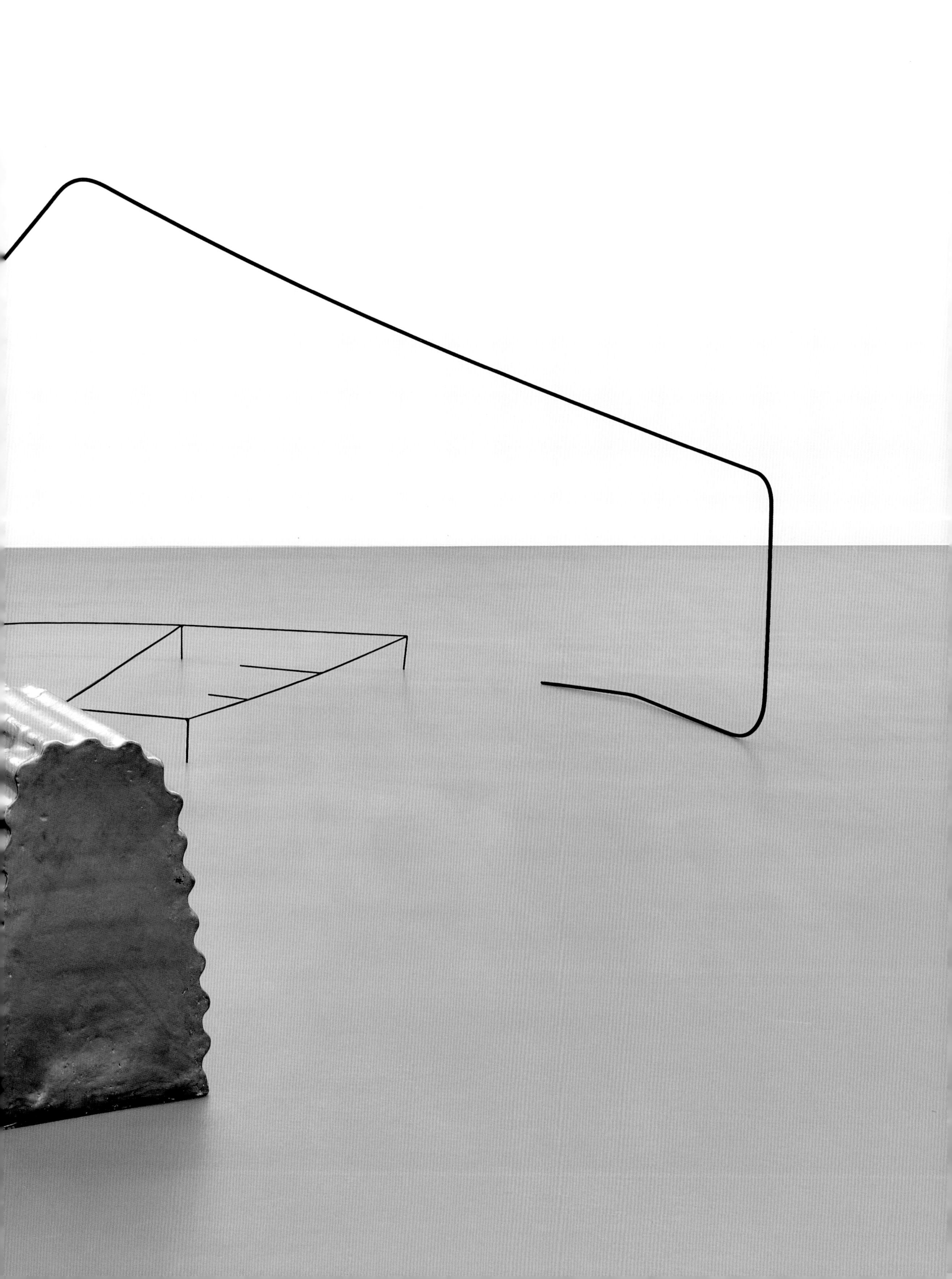

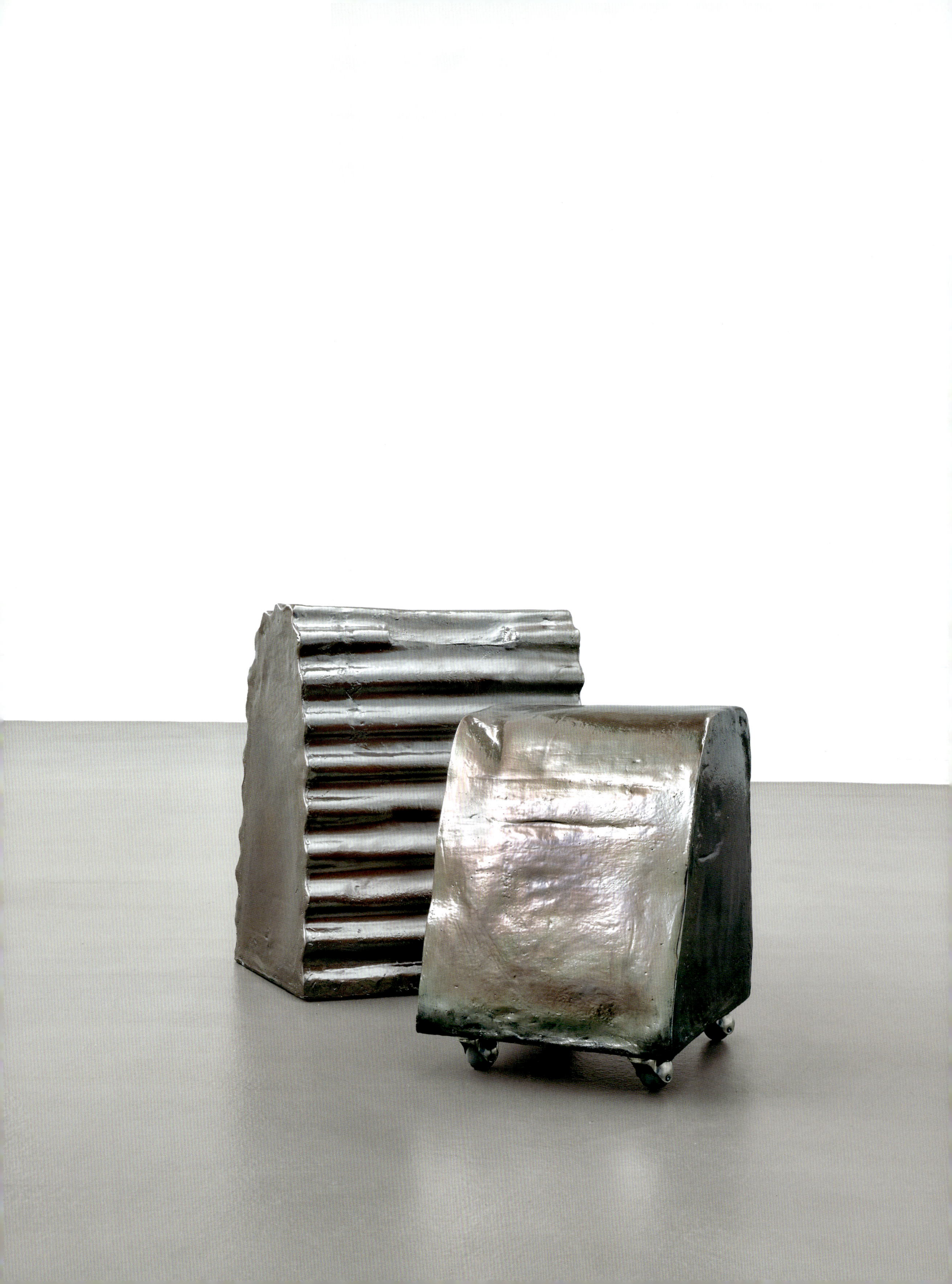

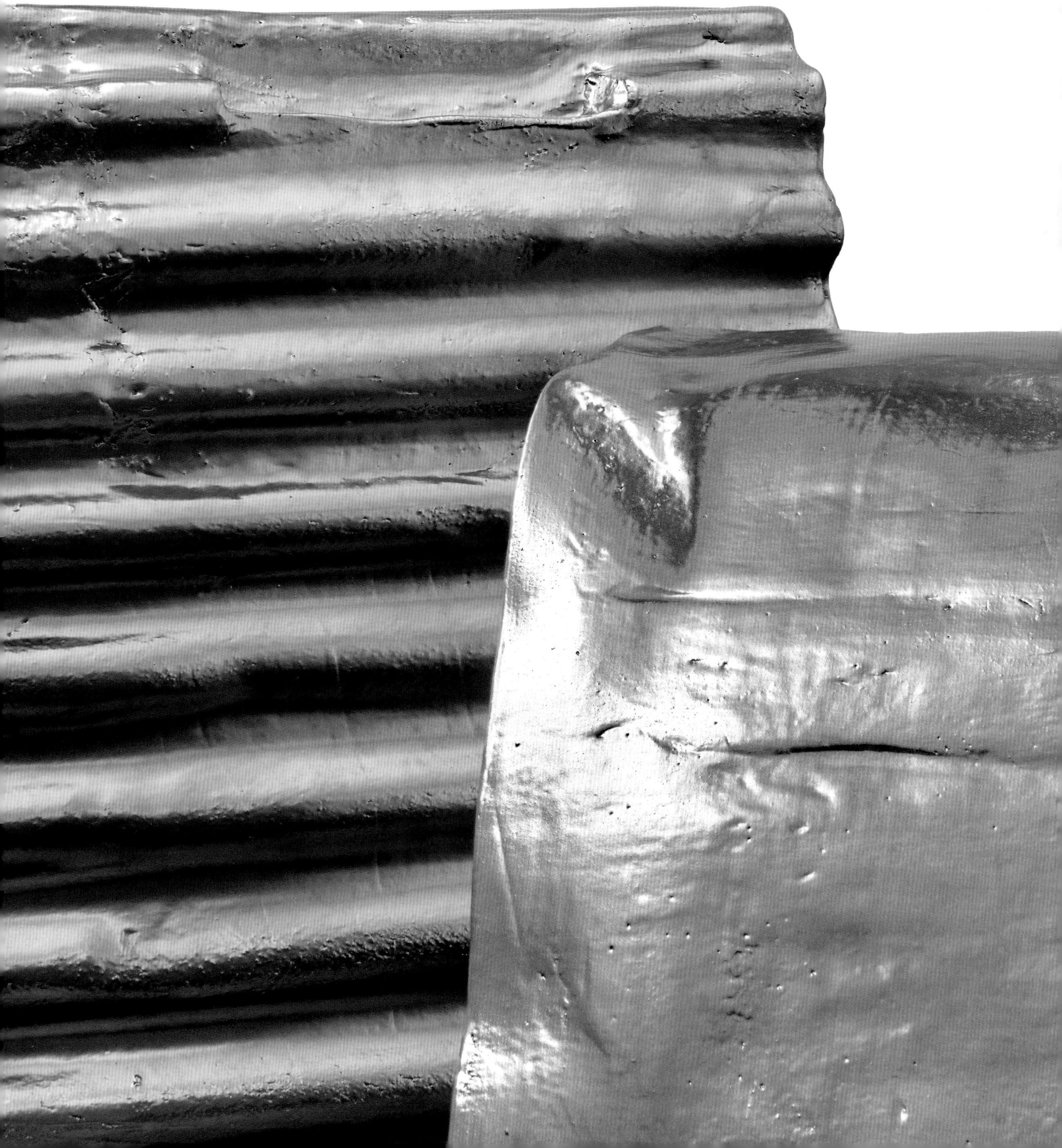

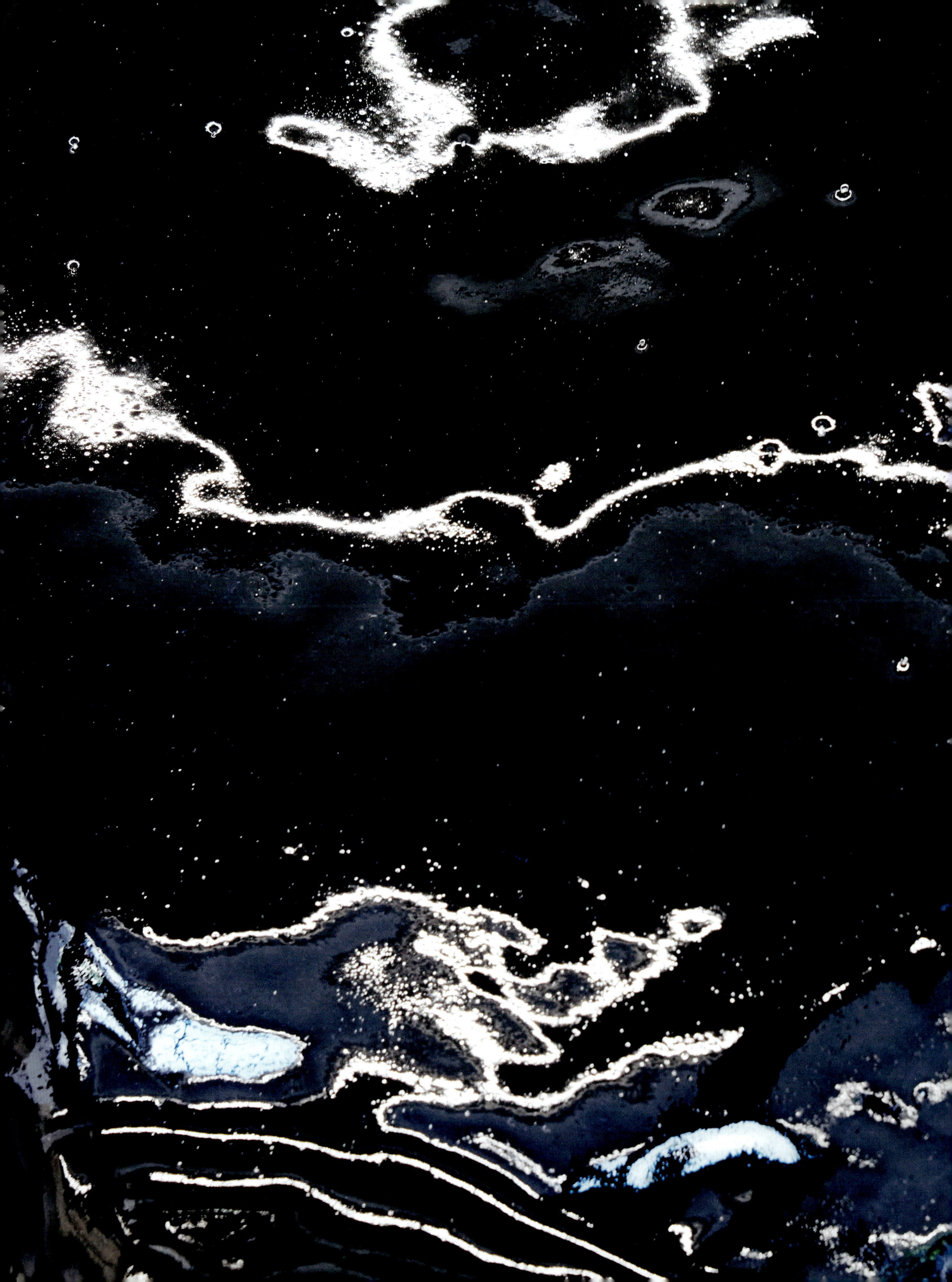

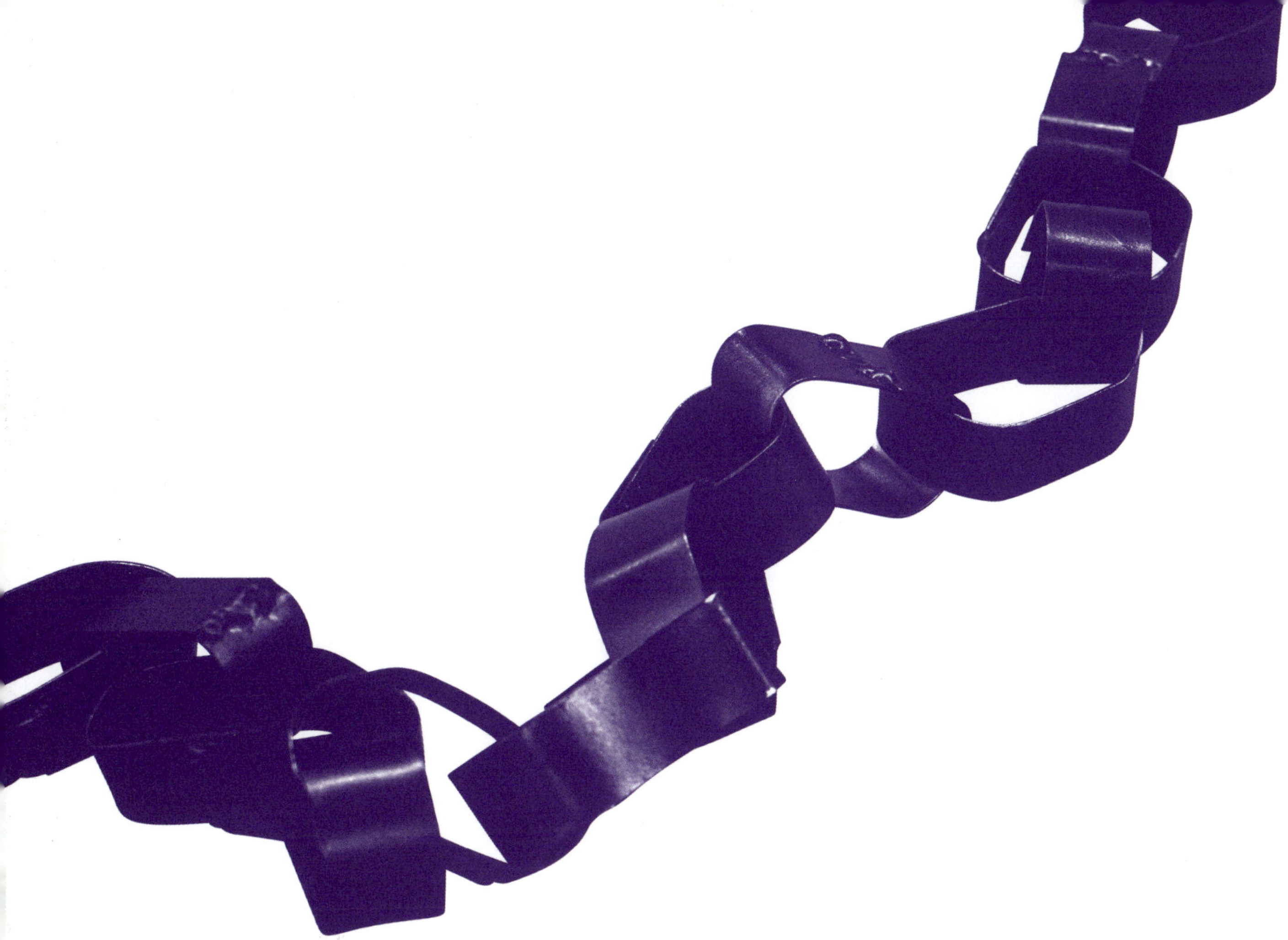

Index

Index

Impressum / Colophon

Diese Publikation erscheint anlässlich der Ausstellung /
This publication is released to accompany the exhibition

Lisa Seebach
Earthy Liquids and Heavy Metal [Hypersleep]
11. 8. 2024 – 9. 3. 2025
Lechner Museum Ingolstadt

Herausgeber / Editor
Dominik Bais, Alf Lechner Stiftung

Redaktion / Editorial
Dominik Bais

Fotos / Photographs
Jens Gerber

Texte / Texts
Dominik Bais
Olga Hohmann

Gestaltung / Design
Lukas Schimpfhauser

Lithographie / Lithography
Jens Gerber

Herstellung / Production
Jens Bartneck, Kerber Verlag

Projektmanagement / Project management
Verena Simon, Kerber Verlag

Druck / Printing and binding
Weber Offset, München

Papier / Paper
Pergraphica Rough Classic, 120 g/m²
Magno Gloss, 135 g/m²

Schrift / Typeface
Neureal (Laura Csocsán)

Erschienen im / Published by
Kerber Verlag
Detmolder Straße 60, 33604 Bielefeld, Germany
+49 521 950 08 10
+49 521 950 08 88 (F)
info@kerberverlag.com
www.kerberverlag.com

Kerber Publikationen werden weltweit vertrieben /
Kerber publications are distributed worldwide

ACC Art Books
Sandy Lane, Old Martlesham, Woodbridge, IP12 4SD, UK
+44 1394 38 99 50
+44 1394 38 99 99 (F)
uksales@accartbooks.com
www.accartbooks.com

Artbook | D.A.P.
75 Broad Street, Suite 630, New York, NY 10004, USA
+1 (212) 627-1999
+1 (212) 627-9484 (F)
orders@dapinc.com
www.artbook.com

AVA Verlagsauslieferung AG
Centralweg 16, 8910 Affoltern am Albis, Switzerland
+41 44 762 42 50
+41 44 762 42 10 (F)
avainfo@ava.ch

Zeitfracht Medien GmbH
Distribution Germany
+49 711 7860 2254
www.service.zeitfracht.de

Die Deutsche Nationalbibliothek verzeichnet diese Publikation
in der Deutschen Nationalbibliografie: dnb.de /
The Deutsche Nationalbibliothek lists this publication in the
Deutsche Nationalbibliografie: www. dnb.de

ISBN: 978-3-7356-1012-6

www.kerberverlag.com
Printed in Germany

ALF LECHNER STIFTUNG

Stadt Ingolstadt

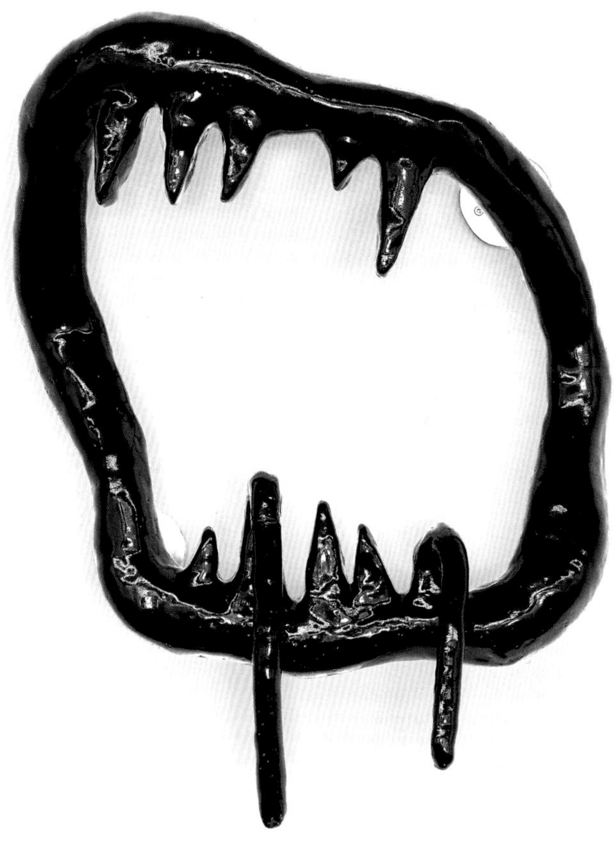